NEGOZIAZIONE ASSISTITA IN SEPARAZIONE E DIVORZIO

Umberto Antico

(Giudice della Sezione Famiglia del Tribunale di Napoli)

Piero Avallone

(Giudice del Tribunale per i minorenni di Napoli)

Avant - Collana "Meglio Saperlo" - n. 1

Napoli, Aprile 2015

Tutti i diritti riservati. E' vietata la riproduzione anche parziale con qualsiasi mezzo senza l'autorizzazione scritta degli autori.

E' consentita anche senza autorizzazione scritta la citazione di brevi passi purché sia resa nota la fonte.

Terza Edizione

SOMMARIO

Sommario

INTRODUZIONE ....- 6 -

LA SEPARAZIONE ....- 10 -

LA SEPARAZIONE CONSENSUALE ....- 32 -

LA SEPARAZIONE GIUDIZIALE ....- 36 -

IL DIVORZIO..- 43 -

LA NEGOZIAZIONE ASSISTITA IN GENERALE.............- 56 -

LA CONVENZIONE DI NEGOZIAZIONE ASSISTITA OBBLIGATORIA ....- 60 -

LA CONVENZIONE DI NEGOZIAZIONE ASSISTITA OBBLIGATORIA IN MATERIA DI DIRITTO DI FAMIGLIA............................- 65 -

LA CONVENZIONE DI NEGOZIAZIONE ASSISTITA FACOLTATIVA- 68 -

LE CONSEGUENZE DELLA NEGOZIAZIONE ASSISTITA ....- 70 -

LA NEGOZIAZIONE ASSISTITA NELLA CRISI DELLA FAMIGLIA- 72 -

LA NEGOZIAZIONE ASSISTITA FAMILIARE IN ASSENZA DI FIGLI AVENTI DIRITTO AL MANTENIMENTO..- 75 -

    I SOGGETTI..- 75 -

    LA FORMA..- 75 -

    IL CONTENUTO ....- 77 -

    IL CONTENUTO DELL'ACCORDO ....- 79 -

LA NEGOZIAZIONE ASSISTITA IN PRESENZA DI FIGLI AVENTI DIRITTO AL MANTENIMENTO ....- 86 -

    L'ASCOLTO DEL MINORE ....- 87 -

    IL CONTENUTO DELL'ACCORDO ....- 92 -

I PATTI MODIFICATIVI DI SEPARAZIONE E DIVORZIO..................105

LE COMPETENZE GIURISDIZIONALI SUCCESSIVE AL DINIEGO DI AUTORIZZAZIONI DEL PUBBLICO MINISTERO. 109

    LA SCELTA DEL PRESIDENTE DEL TRIBUNALE DI TORINO. 120

L'INDIVIDUAZIONE DELLA COMPETENZA PER TERRITORIO 122

LA NEGOZIAZIONE ASSISTITA FAMILIARE IN CORSO DI CAUSA 126

GLI ACCORDI DI SEPARAZIONE E DIVORZIO DINANZI ALL'UFFICIALE DI STATO CIVILE 130

UN ESEMPIO DI ACCORDO A SEGUITO DI NEGOZIAZIONE ASSISTITA 137

FORMULARI DEL CONSIGLIO NAZIONALE FORENSE 143

IL TESTO DEL DECRETO LEGGE COORDINATO CON LA LEGGE DI CONVERSIONE (ESTRATTO) 155

INTRODUZIONE

Con il decreto Legge 12 settembre 2014, n. 132, convertito con modificazioni nella legge 10 novembre 2014, n. 162 (pubblicata nella Gazzetta Ufficiale n. 261 del 10 novembre 2014) è stata introdotta nel nostro ordinamento la negoziazione assistita che, nell'ambito della famiglia, ha consentito nuove forme di separazione consensuale e di divorzio che non richiedono l'intervento del giudice.

Poiché nella normativa si parla esclusivamente di separazione e divorzio appare evidente che le norme non sono applicabili alla famiglia di fatto e ai figli che da questa sono nati.

I nuovi istituti, regolati dagli articoli 6 e 12, non si sostituiscono alla disciplina vigente in tema di separazione e divorzio, ma si affiancano alla stessa offrendo soluzioni probabilmente più rapide nei casi di accordo tra i coniugi.

Se, infatti, la procedura dinanzi all'Ufficiale di Stato Civile, art. 12, determina tempi certi stabilendo che l'Ufficiale di Stato

Civile, ricevuta la dichiarazione dei coniugi, nei casi di separazione o di divorzio, li invita a comparire dinanzi a sé non prima di trenta giorni dalla presentazione della dichiarazione per la conferma della stessa, nell'ipotesi di cui all'art. 6, convenzione di negoziazione assistita con l'assistenza di due o più avvocati, l'accordo deve essere trasmesso al Pubblico Ministero che deve apporre il suo nulla osta o rilasciare la sua autorizzazione.

Per l'apposizione di tale nulla osta, ovvero per il diniego del nulla osta, non è stabilito alcun termine e per quanto gli uffici di Procura siano sensibili sull'importanza deflativa degli istituti, i tempi reali di assolvimento di tale incombente, in assenza di termini, saranno tutti da verificare.

Naturalmente le differenze tra i due nuovi istituti non si limitano ai tempi.

Mentre, infatti, la negoziazione assistita da uno o più avvocati è idonea a raggiungere una soluzione consensuale di separazione personale tra i coniugi o di scioglimento degli effetti civili del matrimonio anche in presenza di figli minori, maggiorenni non autosufficienti o portatori di grave handicap, la procedura dinanzi all'Ufficiale di Sato Civile non è esperibile in presenza di figli.

E proprio in riferimento ai figli va detto che la normativa in esame presenta una grave lacuna.

Nell'ambito della procedura stabilita dall'art. 6, che, in presenza di figli, non può che provvedere anche in relazione al loro affidamento, non è richiesto l'ascolto del minore oggi non solo previsto dalle procedure in materia di separazione e divorzio vigenti, ma reso cogente dal Regolamento CEE 2201/2003 ove all'art. 23 è previsto che le decisioni relative alla responsabilità genitoriale non vengono riconosciute quando, salvi i casi di urgenza, la decisione è stata presa senza che il minore abbia avuto la possibilità di essere ascoltato.

Ma, ancora in violazione della Carta dei diritti fondamentali dell'Unione Europea dove all'art. 24, Diritti del minore, è previsto: " I minori hanno diritto alla protezione e alle cure necessarie per il loro benessere. Essi possono esprimere liberamente la propria opinione. Questa viene presa in considerazione sulle questioni che li riguardano in funzione della loro età e della loro maturità ".

Per ovviare a tale mancata previsione, più avanti si offre una soluzione interpretativa che discende da una lettura costituzionalmente orientata del diritto positivo attuale.

LA SEPARAZIONE

La separazione tra i coniugi non determina lo scioglimento del vincolo matrimoniale, ma solo la quiescenza del rapporto con la sospensione degli obblighi che da questo derivano, art. 143 c.c., fatta eccezione per l'assistenza patrimoniale.

Vengono meno, quindi, gli obblighi di fedeltà, di collaborazione nell'interesse della famiglia, di coabitazione e di assistenza morale, mentre permane l'obbligo di contribuzione ai bisogni della famiglia in ragione delle proprie sostanze e della propria capacità di lavoro.

Quanto **all'obbligo di fedeltà** esso è inteso non solo come fedeltà sessuale, ma anche come fiducia reciproca al legame sentimentale che è il fondamento del matrimonio.

L'obbligo di assistenza morale e materiale è inteso come il reciproco sostegno nell'affrontare la vita sia individuale che comune, agendo di comune accordo sia per affrontare le necessità materiale, sia per affrontare e coniugare le esigenze individuali.

Va poi sottolineato che con la separazione viene meno l'obbligo di assistenza morale, ma non quello di assistenza materiale che fa parte degli obblighi patrimoniali.

Quanto agli effetti patrimoniali la separazione fa cessare la comunione legale o consensuale dei beni e i terzi possono venirne a conoscenza in virtù dell'annotazione dell'atto di separazione nell'atto di matrimonio ai sensi dell'art. 69 lett. d del d.p.r. 396/2000 (regolamento dello Stato Civile).

La norma sopra citata, infatti, è stata conseguentemente modificata dal D.L. in esame, con l'inserimento delle lettere d-bis e d-ter che prevedono, rispettivamente, l'annotazione dell'accordo conseguente alla negoziazione assistita e la dichiarazione resa all'Ufficiale di Stato Civile.

Il **dovere di coabitazione** è inteso come il vivere nella casa coniugale che dovrà essere individuata tenendo conto delle esigenze di entrambi i coniugi e dell'intera famiglia.

La separazione rappresenta una presa d'atto da parte dell'ordinamento della impossibilità della prosecuzione del rapporto di convivenza con la predisposizione degli strumenti necessari alla tutela dei coniugi e dei figli che dal rapporto coniugale sono nati.

La così detta separazione di fatto, in assenza di intervento del giudice o di accordo ai sensi della legge in esame, naturalmente, non determina alcuno degli effetti sopra indicati.

L'unico effetto riconoscibile alla separazione di fatto, accettata da entrambi i coniugi, è quello di evidenziare la sussistenza della intollerabilità della vita in comune.

Oggi, quindi, abbiamo quattro diversi tipi di separazione: a) convenzionale assistita da legali; b) con richiesta congiunta dinanzi all'Ufficiale di Stato Civile; c) consensuale dinanzi al giudice; d) giudiziale.

La separazione tra i coniugi è possibile tutte le volte in cui la vita in comune diviene intollerabile e in tutti i casi di separazione consensuale, di accordo in seguito a convenzione assistita, di dichiarazione resa all'Ufficiale di Stato Civile non viene svolta alcuna indagine sulla sussistenza della intollerabilità della vita in comune che è ritenuta tanto nella comune volontà dei coniugi di separarsi.

Nel caso della separazione giudiziale, invece, in assenza di accordo, il giudice dovrà valutare anche la sussistenza della intollerabilità della vita in comune, sebbene ormai la Cassazione stabilisce che è sufficiente la volontà di uno dei coniugi di separarsi a determinare la rottura dell'*affectio coniugalis*.

Si è detto che la separazione rappresenta solo uno stato di quiescenza del matrimonio che non ne fa cessare gli effetti, ma li sospende ad eccezione, come ricordato, di quelli di natura patrimoniale.

In particolare non viene meno **l'obbligo di mantenimento** nei confronti del coniuge economicamente più debole in favore del quale va previsto un assegno che consenta il mantenimento di un regime di vita simile a quello tenuto in costanza di vita in comune.

L'assegno deve essere commisurato alle circostanze (intendendo per tali tutte quelle diverse dal reddito, ma comunque apprezzabili in termini economici come, ad esempio, l'assegnazione della casa coniugale, le maggiori spese da parte del coniuge onerato e che lascia la casa, la presenza di beni patrimoniali rilevanti anche se improduttivi di reddito) e ai redditi dell'obbligato.

Gli effetti della separazione vengono a cessare quando si verifica la **riconciliazione** tra i coniugi che può risultare tanto da una dichiarazione espressa, tanto da comportamenti concludenti incompatibili con il regime di separazione.

La ripresa di fatto della convivenza, con il ripristino del progetto di vita comune sono elementi sufficienti alla rivitalizzazione completa del vincolo matrimoniale.

Naturalmente, ove si presentino nuovi e successivi fatti che rendano nuovamente intollerabile la vita in comune, sarà sempre possibile procedere a una nuova separazione che, tuttavia, non ha alcun legame con quella precedente tanto meno in riferimento ai tempi necessari per il divorzio.

Ai fini della pubblicità rispetto ai terzi sarà tuttavia necessario procedere ad annotazione nell'atto di matrimonio ai sensi dell'art. 69 lett. f d.p.r. 396/2000 soprattutto ove si sia proceduto all'annotazione della separazione ai fini della pubblicità in ordine allo scioglimento della comunione dei beni.

La riconciliazione, infatti, in assenza di diversa pattuizione, ricostituisce la comunione legale dei beni con efficacia antecedente alla separazione dei coniugi.

Quanto ai figli si applicano le disposizioni degli artt. 337 ter e seguenti c.c.

Questo stabilisce che i figli hanno il diritto a mantenere rapporti con entrambi i genitori da cui devono ricevere cura, educazione ed istruzione, nonché a mantenere i rapporti con gli ascendenti e con i parenti di entrambi i genitori.

Il principio stabilito dal legislatore è, in sostanza, che due soggetti che hanno generato figli nell'ambito del matrimonio si separano come coniugi, ma non come genitori.

L'attuale formulazione dell'art. 337 ter c.c., infatti, stabilisce che il giudice nell'adottare i provvedimenti relativi alla prole deve tenere conto dell'**esclusivo interesse morale e materiale** di questa.

E' stato, così, codificato il prevalere del diritto dei figli a non perdere nessuno dei due genitori in caso di crisi della famiglia.

Al di là dei problemi legati al concreto affidamento del figlio, nell'attuale previsione è del tutto superato il principio dell'esercizio, esclusivo o prevalente, della responsabilità genitoriale da parte del genitore affidatario del figlio, così relegando ad una funzione e ad un ruolo del tutto secondario il genitore a cui non era dato l'affidamento.

Quindi è stata sottratta una delle armi spessissimo usata dai coniugi e dai professionisti che li assistevano per combattersi senza tenere in alcun conto il danno che veniva arrecato ai loro figli.

Infatti, anche ove il figlio venga affidato ad uno solo dei genitori, con la precisazione dei tempi e modi del diritto di visita e della misura e modo della contribuzione al mantenimento, cura, istruzione, educazione, l'esercizio della responsabilità genitoriale resta affidata ad entrambi.

La norma specifica che tutte le decisioni relative all'istruzione, educazione, salute e scelta della residenza abituale del minore devono essere assunte di comune accordo tenendo conto delle inclinazioni, capacità e delle aspirazioni del figlio.

Il giudice, infine, può stabilire in relazione alle questioni di ordinaria amministrazione che la responsabilità genitoriale possa essere esercitata in modo disgiunto.

Sarà, quindi, necessario il comune accordo per l'eventuale trasferimento di residenza del figlio che, naturalmente, non potrà essere ostacolato ove questo non determini un considerevole aggravio nell'esercizio di visita del genitore non affidatario.

Ove il trasferimento del figlio determini difficoltà nell'esercizio del diritto di visita dell'altro genitore sarà necessario rimodulare le modalità che erano state stabilite prima del trasferimento.

Va tenuto presente che in ogni caso, come sostenuto anche di recente dalla Cassazione, ciò che viene in considerazione è, comunque, l'interesse del figlio, il cui diritto al mantenimento della bigenitorialità può comprimere anche i diritti dei genitori come quello, costituzionalmente garantito, di poter fissare liberamente la propria residenza.

Nel caso in cui i genitori non raggiungano un accordo in relazione alla residenza o a qualsiasi altro elemento relativo all'esercizio della responsabilità genitoriale, ai sensi dell'art. 316 c.c. ci si dovrà rivolgere al giudice, tribunale ordinario.

Il giudice, sentiti i genitori ed il figlio che abbia compiuto i dodici anni, ma anche più piccolo ove abbia capacità di discernimento, indica quella che ritiene la soluzione più idonea nell'interesse del figlio.

Ove il contrasto permanga, attribuisce il potere di decidere nella singola questione al genitore che ritiene più idoneo all'interesse del figlio.

Va, ancora detto, che nel caso della separazione tra i coniugi, ove uno dei genitori non si attenga alle disposizioni relative all'esercizio della responsabilità genitoriale, il giudice valuterà tale comportamento anche ai fini della modifica delle modalità di affidamento.

Del tutto eccezionale è l'**affidamento ad un solo genitore**.

Questo potrà aversi, sempre tenendo conto dell'interesse del figlio, in tutti quei casi in cui il comportamento di uno dei genitori presenti i caratteri della condotta pregiudizievole all'interesse del figlio.

Tali comportamenti sono stati individuati in maltrattamenti, disinteresse, rifiuto palese del figlio, durezza ed asprezza del carattere, incapacità a capire le esigenze del figlio, adesione a schemi criminali che educhino il figlio all'illegalità.

E' escluso che la conflittualità tra i genitori possa rappresentare un elemento di valutazione per l'affidamento in via esclusiva.

A tale proposito la Cassazione, con sentenza sez. 1° n. 16593 del 18.6.08 ha affermato che " Alla regola dell'affidamento condiviso può infatti derogarsi solo ove la sua applicazione risulti "pregiudizievole per l'interesse del minore".

Non avendo, per altro, il legislatore ritenuto di tipizzare le circostanze ostative all'affidamento condiviso, la loro individuazione resta rimessa alla decisione del Giudice nel caso concreto da adottarsi con "provvedimento motivato", con riferimento alla peculiarità della fattispecie che giustifichi, in via di eccezione, l'affidamento esclusivo.

L'affidamento condiviso non può ragionevolmente ritenersi comunque precluso, di per sé, dalla mera conflittualità esistente fra i coniugi, poiché avrebbe altrimenti una applicazione, evidentemente, solo residuale, finendo di fatto con il coincidere con il vecchio affidamento congiunto.

Occorre viceversa, perché possa derogarsi alla regola dell'affidamento condiviso, che risulti, nei confronti di uno dei genitori, una sua condizione di manifesta carenza o inidoneità educativa o comunque tale, appunto, da rendere quell'affidamento in concreto pregiudizievole per il minore (come nel caso, ad esempio, di una sua anomala condizione di vita, di insanabile contrasto con il figlio, di obiettiva lontananza...).

L'affidamento esclusivo, pertanto, dovrà risultare sorretto da una motivazione non più solo in positivo sulla idoneità del genitore affidatario, ma anche in negativo sulla inidoneità educativa del genitore escluso dalla potestà genitoriale e, inoltre, sulla non rispondenza all'interesse del figlio dell'adozione, nel caso concreto, del modello legale prioritario di affidamento condiviso.

Si è sostenuto che anche una rilevante distanza di abitazione tra i due genitori può essere motivo per l'affidamento in via esclusiva.

Nel caso di affidamento esclusivo il genitore affidatario, salva diversa disposizione del giudice, comunque non esercita in via esclusiva la responsabilità genitoriale con riferimento alle decisioni di maggiore interesse nei confronti dei figli e, cioè, quelle che riguardano la sua istruzione, la sua salute e la sua educazione più in generale, alle quali deve partecipare anche il genitore non affidatario.

Ove il genitore non affidatario non condivida le decisioni del genitore affidatario in via esclusiva, potrà ricorrere al giudice ex art. 316 c.c. sopra ricordato.

Prima di assumere i provvedimenti in relazione ai figli, il giudice deve procedere all'**ascolto del minore** che abbia compiuto i dodici anni o anche di età inferiore ove questi abbia capacità di discernimento.

Si tratta di un adempimento obbligatorio che può essere derogato solo nel caso della separazione consensuale, trattandosi di un accordo tra le parti, ove si manifesti evidentemente superfluo o in contrasto con l'interesse del minore.

L'ascolto è preferibile che avvenga senza la presenza dei genitori, che naturalmente possono prendere visione del verbale, e con l'ausilio di uno psicologo che sia in grado di porre le domande in modo non suggestivo e tenendo conto della personalità e maturità del minore.

Nel verbale è opportuno dare atto anche di eventuali atteggiamenti significativi del minore e meglio è se, all'esito del colloquio, lo psicologo redige una relazione.

Le dichiarazioni e la volontà espressa dal minore non sono vincolanti per il giudice che, in ogni caso, ne deve tenere conto, anche in relazione all'età e alla maturità e consapevolezza manifestata dal minore.

Va ricordato che lo scopo dell'ascolto del minore è sempre quello di adottare i provvedimenti più opportuni nel suo interesse a cui sono del tutto estranei gli interessi dei genitori.

Sempre in tema di affidamento dei figli, l'art. 337 octies c.c. prevede l'utilizzo della **mediazione familiare**.

Ove appaia opportuno, e sentite la parti che devono manifestare il loro consenso, diversamente l'uso della mediazione non ha alcun effetto, il giudice può rinviare l'adozione dei provvedimenti relativi ai figli e rimettere le parti dinanzi ad un mediatore familiare ai fini del raggiungimento di un accordo relativo all'interesse morale e materiale dei figli.

Il mediatore è un soggetto terzo e neutrale del tutto estraneo alla vicenda sia processuale che familiare.

Non può, quindi, essere mediatore il giudice, né l'avvocato, né un qualsiasi soggetto che abbia relazioni con i due coniugi.

La sua funzione è quella di ripristinare la comunicazione tra i coniugi per il raggiungimento di un accordo.

La mediazione resta del tutto esterna rispetto alla procedura e nulla di quanto viene in essa argomentato o fatto può entrare nel procedimento a nessun titolo, fatto salvo l'eventuale accordo raggiunto.

La sua funzione non è quella di ricomporre l'unità familiare, ma esclusivamente quella di permettere il raggiungimento di un accordo che, tenendo conto delle diverse esigenze, consenta il futuro svolgimento di rapporti sereni.

All'atto della separazione dovrà essere stabilito anche *l'assegno di mantenimento* dei figli.

L'attuale formulazione dell'art. 337 ter c.c. individua i criteri che devono essere adottati nella determinazione della misura dell'assegno relativo ai figli stabilendo che ciascuno dei genitori deve contribuire al mantenimento dei figli in misura proporzionale al proprio reddito e precisando che i parametri da considerare sono:

1) le attuali esigenze del figlio.

2) il tenore di vita goduto dal figlio in costanza di convivenza con entrambi i genitori.

3) i tempi di permanenza presso ciascun genitore.

4) le risorse economiche di entrambi i genitori.

5) la valenza economica dei compiti domestici e di cura assunti da ciascun genitore.

L'assegno determinato, poi, è automaticamente adeguato agli **indici di svalutazione ISTAT**.

Deve ricordarsi che ove le informazioni di natura economica fornite dalle parti non siano documentate in modo sufficiente, il giudice deve disporre accertamenti da parte della **polizia tributaria** sui redditi.

In definitiva con la riforma determinata dal d.lgv. 154/13 si sono codificati i parametri che, nel corso del tempo, erano stati individuati dalla giurisprudenza che, a titolo esemplificativo, con l' *Ordinanza Sez.* 6 – 1 *n.* 21273 *del* 18/09/2013 affermava: "A seguito della separazione personale tra coniugi, la prole ha diritto ad un mantenimento tale da garantire un tenore di vita corrispondente alle risorse economiche della famiglia ed analogo per quanto possibile a quello goduto in precedenza, continuando a trovare applicazione l'art. 147 cod. civ. che, imponendo il dovere di mantenere, istruire ed educare i figli, obbliga i genitori a far fronte ad una molteplicità di esigenze, non riconducibili al solo obbligo alimentare, ma estese all'aspetto abitativo, scolastico, sportivo, sanitario e sociale, all'assistenza morale e materiale, alla opportuna predisposizione, fin quando l'età dei figli stessi lo richieda, di una stabile organizzazione domestica, idonea a rispondere a tutte le necessità di cura e di educazione. Ne consegue che non esiste duplicazione del contributo nel caso sia stabilito un assegno di mantenimento omnicomprensivo con chiaro riferimento a tutti i bisogni ordinari e, contemporaneamente, si predisponga la misura della partecipazione del genitore alle spese straordinarie, in quanto non tutte le esigenze sportive, educative e di svago rientrano tra le spese straordinarie ".

Va, infine ricordato, in tema di mantenimento dei figli, che il d. lgs. 154/13 ha introdotto l'art. 316 bis c.c. ove è previsto che quando i genitori non hanno mezzi sufficienti per il mantenimento dei figli, gli altri **ascendenti** (i nonni), sono tenuti a fornire ai genitori stessi i mezzi necessari affinché possano adempiere i loro doveri nei confronti dei figli.

La giurisprudenza ritiene che nel caso in cui, in condizione di separazione o divorzio, il genitore tenuto a versare l'assegno di mantenimento per i figli non adempia a tale obbligo e l'altro genitore non sia economicamente autosufficiente o in grado di adempiere in modo adeguato al mantenimento dei figli saranno i nonni del genitore inadempiente a dovervi provvedere.

Sempre tenendo conto l'interesse dei figli, l'art. 337 sexies c.c. detta disposizioni in tema di **assegnazione della casa familiare e prescrizioni in tema di residenza** stabilendo che "il godimento della casa familiare è attribuito tenendo prioritariamente conto dell'interesse dei figli. Dell'assegnazione il giudice tiene conto nella regolazione dei rapporti economici tra i genitori, considerato l'eventuale titolo di proprietà."

Nella medesima norma si stabilisce che il diritto di godimento della casa familiare cessa allorché l'assegnatario non abiti o cessi di abitare stabilmente nella casa familiare o conviva more uxorio o contragga nuovo matrimonio.

La casa familiare, quindi, è oggetto di assegnazione solo nel caso in cui vi siano figli che giustificano, ove questo esista, la compressione del diritto di proprietà di uno dei coniugi.

La giurisprudenza è, infatti, costante nell'escludere, qualora non vi siano figli, un intervento del giudice in tema di casa familiare.

Ed è sempre la giurisprudenza ad affermare che, proprio tenendo conto del superiore interesse dei figli, si può escludere l'assegnazione della casa familiare lì dove il coniuge presso cui il figlio è collocato, o a cui è affidato, abbia trovato altrove un *habitat* familiare più adatto alle esigenze del figlio.

Va, ancora, detto che lì dove sia possibile, da un punto di vista logistico, si può procedere ad una **divisione della casa familiare** tra i due coniugi.

Questa ipotesi, tuttavia, è da escludersi tutte le volte in cui tale soluzione non risponda all'interesse e alla serenità dei figli.

In ipotesi, quindi, la divisione della casa familiare è sempre da escludere quando si è in presenza di una alta conflittualità tra i due coniugi.

L'assegnazione della casa familiare può essere revocata nei casi espressamente previsti dall' art. 337 sexies c.c.: quando l'assegnatario non abiti o cessi di abitare stabilmente l'immobile, conviva more uxorio o contragga nuovo matrimonio.

La norma, tuttavia, deve essere letta alla luce della sentenza della Corte Costituzionale 308/08 nel senso che l'assegnazione della casa familiare è strettamente funzionale all'interesse dei figli anche alla predisposizione e conservazione dell'ambiente domestico considerato quale centro di affetti, interessi e consuetudini di vita che contribuisce in misura fondamentale alla formazione armonica della personalità della prole.

Sotto tale profilo, l'obbligo di mantenimento si sostanzia, quindi, nell'assicurare ai figli l'idoneità della dimora, intesa quale luogo di formazione e sviluppo della personalità psico-fisica degli stessi.

Ne deriva, quindi, che non solo l'assegnazione della casa familiare, ma anche la revoca della stessa assegnazione resta sempre subordinata alla valutazione della persistenza del detto interesse.

L'eventuale convivenza more uxorio o il nuovo matrimonio, quindi, risulteranno non più elementi automatici di revoca dell'assegnazione della casa familiare, ma solo elementi di valutazione per la verifica della persistenza di quell'interesse dei figli all'assegnazione della casa.

Va, infine, detto che il provvedimento con cui si è disposta l'assegnazione della casa familiare può essere **trascritto**, ai sensi dell'art. 2643 c.c. ai fini della opponibilità ai terzi.

Ancora l'art. 337 sexies c.c. prevede che in presenza di figli minori ciascuno dei genitori è tenuto a **comunicare all'altro genitore il cambio di residenza o domicilio** entro il termine di 30 giorni dall'avvenuto trasferimento.

La mancata comunicazione determina il risarcimento dei danni eventualmente verificatisi a carico dell'altro genitore o dei figli a causa delle difficoltà di reperimento.

Quanto alle procedure, si è detto che la separazione, al di là delle ipotesi di negoziazione assistita o di dichiarazione all'Ufficiale di Stato Civile, può essere consensuale o giudiziale.

LA SEPARAZIONE CONSENSUALE

E' l'accordo che i coniugi raggiungono per regolare sia i rapporti patrimoniali che la gestione dei figli.

Tale accordo, tuttavia, non ha alcuna efficacia in assenza della omologa da parte del tribunale.

La separazione consensuale può essere effettuata solo i presenza di due coniugi entrambi forniti della capacità di agire. Da ciò deriva che l'interdetto non potrà concludere una separazione consensuale, mentre l'inabilitato ed il minore emancipato potranno concluderla solo con la presenza del curatore.

Le parti, raggiunto l'accordo, devono presentare ricorso al Presidente del Tribunale che deve fissare l'udienza di comparizione dinanzi a se.

In tale udienza il Presidente deve esperire il tentativo di conciliazione sentendo i coniugi prima separatamente e, poi, congiuntamente.

Se il tentativo di conciliazione riesce, viene redatto processo verbale e la procedura si estingue.

Analogo effetto estintivo ha la mancata comparizione dei coniugi all'udienza fissata dal Presidente.

Se la conciliazione non riesce vien redatto verbale ove le parti confermano la volontà di separarsi e dichiarano di accettare le clausole di separazione concordate. Il Presidente può invitare le parti ad inserire ulteriori clausole o a modificare quelle da loro stabilite.

Le parti sono libere di non accogliere l'invito del Presidente con la conseguenza che l'accordo non sarà omologato. Ciò in quanto non è consentito al Presidente o, successivamente al collegio, di modificare l'accordo che le parti hanno raggiunto anche se questo non è ritenuto conforme alla tutela effettiva di tutte le parti in causa.

La decisione sulla **omologazione**, poi, viene assunta dal Tribunale in camera di consiglio.

Contro il decreto che accoglie o rigetta la omologazione può essere avanzato **reclamo alla Corte d'Appello** da uno o da entrambi i coniugi.

Il ricorso per separazione consensuale deve contenere:

a) il consenso di entrambi i coniugi a separarsi

b) la dichiarazione circa l'esistenza di figli

c) l'accordo in ordine all'affidamento dei figli con l'indicazione del genitore dove gli stessi dimoreranno e l'indicazione della regolamentazione del diritto di visita

d) la scelta circa l'assegnazione della casa familiare

e) l'entità dell'assegno di mantenimento dei figli a carico di ciascun coniuge

f) l'indicazione dell'assegno a favore del coniuge che non abbia mezzi propri adeguati

g) eventuali ulteriori accordi come l'autorizzazione alla concessione del passaporto

h) la sottoscrizione di entrambi i coniugi

LA SEPARAZIONE GIUDIZIALE

A differenza di quella consensuale che come detto è basata sull'accordo dei coniugi, la separazione giudiziale trova il suo presupposto nella intollerabilità della convivenza ovvero nell'essersi verificati fatti gravi tali da compromettere l'armonica crescita dei figli.

La condizione di **intollerabilità** non ha parametri oggettivi, ma è legata al sentire del singolo soggetto che può ritenere intollerabili anche situazioni o condizioni che, ai più, non appaiono tali e non necessariamente deve coinvolgere entrambi i coniugi.

L'intollerabilità della convivenza può anche non dipendere dalla violazione dei doveri coniugali, ma da fattori diversi come il carattere personale o il diverso atteggiarsi rispetto alla vita.

Motivo di separazione giudiziale è anche il **grave pregiudizio per l'educazione dei figli** che è determinato da comportamenti che, solitamente, sono solo una delle manifestazioni della intollerabilità della convivenza.

Può, tuttavia, darsi anche il caso di comportamenti che, pur pregiudizievoli per l'educazione dei figli, non sarebbero, di per sé, determinanti per l'intollerabilità della convivenza ove non ci fossero i figli.

La separazione giudiziale può determinare **la dichiarazione di addebito.**

Si tratta di una dichiarazione che il giudice, richiesto sullo specifico punto da uno dei coniugi, può fare, individuando a quale dei coniugi sia da attribuirsi la causa di separazione in seguito alla sua inosservanza, dolosa o colposa, dei doveri che derivano dal matrimonio e che siano stati causa della intollerabilità della vita coniugale o del pregiudizio per la crescita dei figli.

Ai fini della valutazione della sussistenza dell'addebito, il giudice dovrà valutare i comportamenti di entrambi i coniugi in quanto solo a seguito di una valutazione complessiva dei comportamenti, tra loro intersecatisi, sarà possibile valutare se vi sia stata la colpa specifica di uno dei coniugi o se i comportamenti tenuti non siano conseguenza dei comportamenti tenuti dall'altro coniuge.

Tra le cause di addebito sono stati individuati:

a) il far venir meno i mezzi di sussistenza

b) l'infedeltà che sia causa della intollerabilità della convivenza e non conseguenza di questa

c) la taciuta incapacità generandi o coeundi (di concepire o avere figli)

d) i maltrattamenti morali e materiali

e) lo stalking.

Conseguenza dell'addebito è la perdita del diritto all'assegno di mantenimento e la perdita dei diritti successori nei confronti del coniuge cui non è addebitabile la separazione.

La separazione giudiziale si propone con **ricorso** dinanzi al **tribunale di ultima residenza comune dei coniugi**, intendendosi per tale il luogo in cui si trova la casa familiare.

In assenza di residenza comune, la domanda va invece proposta dinanzi al tribunale di residenza del coniuge convenuto.

Il ricorso deve contenere l'indicazione delle cause che hanno determinato l'intollerabilità della convivenza, la presenza di figli, l'ipotesi di affidamento degli stessi e l'indicazione dei redditi propri da provarsi con l'allegazione di almeno le due ultime dichiarazioni dei redditi.

I mezzi di prova e le conclusioni, se non indicate nel ricorso, potranno essere precisate nella memoria integrativa da presentarsi prima dell'udienza dinanzi al giudice istruttore.

Infine deve esservi la sottoscrizione del difensore munito di procura.

Nei cinque giorni successivi al deposito del ricorso il Presidente fissa l'udienza di comparizione dinanzi a sé assegnando un termine al ricorrente per la notifica del ricorso e del decreto di fissazione dell'udienza e assegnando, altresì, un termine al resistente per il deposito della memoria difensiva e della sua documentazione.

L'omessa notifica estingue il ricorso.

All'udienza fissata, che può svolgersi anche dinanzi al giudice delegato, **le parti devono comparire personalmente**, assistite da un difensore, ai fine dell'esperimento di conciliazione (vedi separazione consensuale).

Se il ricorrente non compare il procedimento si estingue e l'estinzione non è evitata dalla comparizione della sola parte resistente.

Se la conciliazione riesce o se il ricorrente rinunzia al giudizio, la procedura si estingue.

Diversamente il Presidente adotta i provvedimenti temporanei ed urgenti e fissa l'udienza di comparizione dinanzi al giudice istruttore.

L'ordinanza presidenziale è titolo esecutivo fino a quando non interviene la sentenza di separazione.

Contro l'ordinanza presidenziale è proponibile ricorso alla Corte d'Appello dinanzi alla quale non si possono presentare elementi nuovi e diversi da quelli sottoposti all'attenzione del Presidente.

Il procedimento, quindi, prosegue dinanzi al **giudice istruttore** che, in qualunque momento, su istanza di parte o anche d'ufficio, nell'interesse dei figli o a causa di circostanze nuove, può modificare l'ordinanza presidenziale.

Discussa è la possibilità di reclamare le ordinanze del giudice istruttore dinanzi al collegio o alla Corte d'Appello. Generalmente, considerato che le ordinanze sono sempre modificabili, se ne esclude la possibilità.

Dinanzi al giudice istruttore si seguono le regola del procedimento ordinario e la causa può svolgersi anche nella contumacia del convenuto.

In corso di causa la separazione giudiziale può sempre modificarsi in separazione consensuale ove le parti raggiungano un accordo, ma talvolta il Tribunale pronuncia pur sempre sentenza, recependo i patti raggiunti se conformi alle norme imperative e agli interessi della prole di minore età.

Le fonti di prova ammissibili (trattandosi il più delle volte di questioni coinvolgenti diritti non disponibili - lo stato delle persone, il diritto dei minori al mantenimento - non si potranno ammettere giuramento, interrogatorio formale, ecc.) non incontrano limiti e deve precisarsi che, a causa delle particolari questioni trattate, le cui vicende sono legate alla vita domestica, le prove testimoniali rappresentate da membri della famiglia, anche allargata, hanno lo stesso valore di quelle provenienti da soggetti terzi.

All'esito della fase istruttoria, precisate le conclusioni, la procedura di separazione giudiziale verrà decisa con sentenza in camera di consiglio.

Contro la sentenza sarà possibile esperire appello.

IL DIVORZIO

Con la legge 898/70 è stato introdotto, nel nostro ordinamento, l'istituto del **divorzio.**

Il divorzio determina lo **scioglimento del matrimonio**, quando questo è stato contratto esclusivamente con il rito civile e, invece, la **cessazione degli effetti civili del matrimonio**, quando questo è stato contratto con uno dei riti religiosi ammessi dalla Stato.

Nel caso di matrimonio concordatario (cioè quello religioso con effetti civili) si usa l'espressione cessazione degli effetti civili del matrimonio in quanto il divorzio non determina lo scioglimento del vincolo religioso che i coniugi intesero contrarre.

Perché possa dichiararsi il c.d. divorzio è necessaria la contemporanea presenza di due elementi :

a) la comune volontà di divorziare determinata dal venir meno della comunione morale, spirituale e materiale (va detto che anche la volontà di uno solo dei coniugi di divorziare determina l'impossibilità della ricostruzione della comunione morale e materiale che è fondamento del matrimonio);

b) uno dei casi previsti dall'art. 3 della legge 898/70 :

1) quando, dopo la celebrazione del matrimonio, l'altro coniuge è stato condannato, con sentenza passata in giudicato, anche per fatti commessi in precedenza:

a) all'ergastolo ovvero ad una pena superiore ad anni quindici, anche con più sentenze, per uno o più delitti non colposi, esclusi i reati politici e quelli commessi per motivi di particolare valore morale e sociale;

b) a qualsiasi pena detentiva per il delitto di cui all'art. 564 del codice penale e per uno dei delitti di cui agli articoli 519, 521, 523 e 524 del codice penale, ovvero per induzione, costrizione, sfruttamento o favoreggiamento della prostituzione;

c) a qualsiasi pena per omicidio volontario di un figlio ovvero per tentato omicidio a danno del coniuge o di un figlio;

d) a qualsiasi pena detentiva, con due o più condanne, per i delitti di cui all'art. 582, quando ricorra la circostanza aggravante di cui al secondo comma dell'art. 583, e agli articoli 570, 572 e 643 del codice penale, in danno del coniuge o di un figlio.

Nelle ipotesi previste alla lettera d) il giudice competente a pronunciare lo scioglimento o la cessazione degli effetti civili del matrimonio accerta, anche in considerazione del comportamento successivo del convenuto, la di lui inidoneità a mantenere o ricostituire la convivenza familiare.

Per tutte le ipotesi previste nel n. 1) del presente articolo la domanda non è proponibile dal coniuge che sia stato condannato per concorso nel reato ovvero quando la convivenza coniugale è ripresa;

2) nei casi in cui:

a) l'altro coniuge è stato assolto per vizio totale di mente da uno dei delitti previsti nelle lettere b) e c) del numero 1) del presente articolo, quando il giudice competente a pronunciare lo scioglimento o la cessazione degli effetti civili del matrimonio accerta l'inidoneità del convenuto a mantenere o ricostituire la convivenza familiare;

b) è stata pronunciata con sentenza passata in giudicato la separazione giudiziale fra i coniugi, ovvero è stata omologata la separazione consensuale ovvero è intervenuta separazione di fatto quando la separazione di fatto stessa è iniziata almeno due anni prima del 18 dicembre 1970.

In tutti i predetti casi, per la proposizione della domanda di scioglimento o di cessazione degli effetti civili del matrimonio, le separazioni devono essersi protratte ininterrottamente da almeno tre anni a far tempo dalla avvenuta comparizione dei coniugi innanzi al presidente del tribunale nella procedura di separazione personale anche quando il giudizio contenzioso si sia trasformato in consensuale. L'eventuale interruzione della separazione deve essere eccepita dalla parte convenuta;

...omissis...;

c) il procedimento penale promosso per i delitti previsti dalle lettere b) e c) del n. 1) del presente articolo si è concluso con sentenza di non doversi procedere per estinzione del reato, quando il giudice competente a pronunciare lo scioglimento o la cessazione degli effetti civili del matrimonio ritiene che nei fatti commessi sussistano gli elementi costitutivi e le condizioni di punibilità dei delitti stessi;

d) il procedimento penale per incesto si è concluso con sentenza di proscioglimento o di assoluzione che dichiari non punibile il fatto per mancanza di pubblico scandalo;

e) l'altro coniuge, cittadino straniero, ha ottenuto all'estero l'annullamento o lo scioglimento del matrimonio o ha contratto all'estero nuovo matrimonio;

f) il matrimonio non è stato consumato;

g) è passata in giudicato sentenza di rettificazione di attribuzione di sesso a norma della legge 14 aprile 1982, n. 164.

E' compito del giudice, quindi, non solo valutare la sussistenza di uno dei casi previsti dall'articolo 3 sopra ricordati, ma anche accertare la impossibilità di ripristinare la comunione morale e materiale che, non necessariamente, è irrimediabilmente compromessa dalle cause elencate dal legislatore.

Va subito detto che questo accertamento è, nella pratica, del tutto formale in quanto da un lato le cause individuate sono tali da determinare di per sé una grave crisi della comunione matrimoniale, dall'altro è evidente che se anche uno solo dei coniugi richiede il divorzio la comunione matrimoniale è, nella quasi assoluta totalità dei casi, irrimediabilmente compromessa.

La causa di divorzio più utilizzata è quella della **separazione personale dei coniugi protrattasi per un triennio** a far data dalla comparizione dei coniugi dinanzi al Presidente del Tribunale ovvero, deve ritenersi, dal deposito della negoziazione assistita al Procuratore della Repubblica o dalla dichiarazione resa all'Ufficiale dello Stato civile.

Va ricordato che la separazione di fatto non ha alcuna influenza sul decorso dei tre anni necessari per la proposizione della domanda di divorzio.

Il termine dei tre anni deve essere interamente consumato al momento della proposizione del ricorso per il divorzio.

La separazione non deve subire interruzioni in quanto, in questo caso, si ritiene ricostituita l'unità familiare e, quindi, viene meno l'evidenza della definitiva interruzione della comunione matrimoniale.

La giurisprudenza ha ritenuto che non determina l'interruzione della separazione, a titolo di esempio, la riunione della famiglia nei fine settimana o nei periodi di vacanza; la semplice coabitazione; la mutua assistenza che può avere la sua logica in un sentimento analogo a quello dell'amicizia; la relazione sessuale che non necessariamente è legata a sentimenti di *affectio coniugalis*.

Il **procedimento di divorzio** è stato modificato dalla legge 80/2005 che lo ha uniformato alla procedura di separazione.

E' possibile, quindi, sia una **richiesta congiunta**, come nel caso della separazione consensuale, sia una richiesta unilaterale, come nel caso della separazione giudiziale.

Il ricorso con cui si chiede il divorzio deve essere proposto nel **luogo in cui il coniuge convenuto ha la residenza o il domicilio**. Se il convenuto è residente all'estero o è irreperibile il ricorso va proposto al tribunale del luogo di residenza o domicilio del ricorrente.

Va ricordato che in virtù del regolamento CE 2201/03 le autorità dello Stato membro, nel nostro caso l'Italia, sono competenti per tutte le questioni relative alla separazione e al divorzio quando nel suo territorio:

a) è fissata la residenza abituale dei coniugi

b) vi era l'ultima residenza abituale dei coniugi quando uno di essi vi risieda ancora

c) vi è la residenza abituale del convenuto

d) in caso di domanda congiunta se vi è la residenza abituale di uno dei coniugi

e) vi è la residenza abituale del ricorrente se questi vi ha risieduto almeno per uno anno immediatamente prima della domanda

f) se entrambi i coniugi sono cittadini dello stesso Stato membro

La domanda deve essere proposta personalmente da almeno uno dei due coniugi e, in più, rispetto alla domanda di separazione, deve indicare le questioni di diritto, sopra ricordate, su cui si fonda la domanda stessa.

La differenza con la domanda di separazione risiede nel fatto che mentre la separazione trova la sua ragione in questioni di fatto che rendono intollerabile la prosecuzione della vita in comune, la domanda di divorzio è basata esclusivamente sulle ipotesi tassative indicate dall'art. 3 della legge 898/70.

Si rimanda, per la procedura, a quanto già detto in tema di separazione tra i coniugi.

La sentenza di divorzio, una volta definitiva, a cura della Cancelleria deve essere trasmessa all'Ufficiale di Stato Civile per le annotazioni, ai fini della opponibilità ai terzi.

L'assegno di mantenimento in relazione ai figli ha struttura identica a quello di separazione.

In relazione al coniuge, **l'assegno di divorzio** ha natura assistenziale in quanto ha lo scopo di sopperire alla insufficienza di redditi del coniuge più debole.

Così il giudice deve comparare la situazione economica dei due coniugi anteriore e successiva al divorzio valutando se vi sia un deterioramento apprezzabile della condizione economica che allontani il coniuge più debole da una condizione simile a quella mantenuta in costanza di matrimonio.

E', altresì, necessario che il coniuge che chiede l'attribuzione dell'assegno dimostri di non essere in grado di procurarsi i mezzi economici idonei a mantenere un tenore di vita simile a quello tenuto in corso di matrimonio.

Verranno, così, in considerazione l'età, la possibilità di procacciarsi i mezzi idonei con il lavoro (non uno qualsiasi e saltuario), tenendo conto della concreta possibilità di trovare lavoro e, quindi, della condizione socio – economica del momento del paese, l'assegnazione della casa familiare, la sussistenza di una duratura convivenza capace di assicurare stabilità.

Tra i criteri che devono guidare il giudice, ai sensi dell'art. 5 della legge 898/70, nella determinazione dell'assegno vi è anche la durata del matrimonio che incide sulla misura dell'assegno nel senso che più è stato lungo il matrimonio più darà diritto al coniuge più debole a mantenere il livello di vita tenuto in costanza del matrimonio stesso.

Con la sentenza che stabilisce la misura dell'assegno devono essere indicati anche gli **indici di rivalutazione monetaria** che, in genere, sono quelli stabiliti dall'**ISTAT per le famiglie di operai ed impiegati**.

Entrambe le parti, avente diritto all'assegno e obbligato al versamento, possono in qualunque momento successivo alla sentenza chiedere al giudice la **revisione della misura dell'assegno stesso** ove si siano determinati significativi mutamenti della condizione economica non determinati da scelte volontarie (si pensi al lavoratore a tempo pieno che, liberamente, scelga il part – time) o eventualmente dalla nascita di un ulteriore figlio dell'obbligato da soggetto diverso dall'ex coniuge.

Infine va ricordato che l'**assegno divorzile** può essere corrisposto in modo periodico (es. ogni mese) o anche **in un'unica soluzione**.

In questo secondo caso non sarà, poi, possibile ricorrere per l'adeguamento alla mutata condizione economica.

Il diritto a percepire l'assegno divorzile si estingue nel caso in cui il beneficiario contragga **nuove nozze**.

Non altrettanto accade automaticamente nel caso dell'instaurazione di una convivenza more uxorio in quanto, allo stato, la giurisprudenza considera la eventuale **convivenza more uxorio** una circostanza astrattamente idonea a determinare un miglioramento delle condizioni economiche del titolare dell'assegno divorzile al punto da poterne determinare una riduzione fino, addirittura, alla revoca. Solo recentemente inizia ad affermarsi il principio che la scelta di una convivenza secondo parametri economici deteriori indica la scelta di un totale diverso tipo di vita da parte del beneficiario che può determinare la sospensione del diritto all'assegno divorzile.

Il coniuge cui è stato riconosciuto l'assegno di divorzio, poi, ha diritto, ove non sia passato a nuove nozze, alla **pensione di reversibilità** del coniuge obbligato o a una quota di questa ove vi sia la presenza di altro coniuge dell'obbligato e ad una percentuale del 40% dell'**indennità di fine rapporto di lavoro** (liquidazione) del coniuge obbligato calcolata sull'indennità riferibile agli anni di matrimonio.

L'indennità, quindi, andrà divisa per gli anni di lavoro ed il risultato andrà moltiplicato per gli anni di lavoro coincidenti con il matrimonio.

Sul risultato si dovrà calcolare la misura del 40% spettante al coniuge che beneficia dell'assegno.

Il divorzio determina la **perdita dei diritti successori**.

Tuttavia se il coniuge titolare dell'assegno divorzile versi in stato di bisogno il giudice può determinare, a carico dell'eredità, la corresponsione di un assegno volto a soddisfare le esigenze primarie.

LA NEGOZIAZIONE ASSISTITA IN GENERALE

L'aspetto peculiare del Decreto Legge 12 settembre 2014, n. 132, convertito con modificazioni nella legge 10 novembre 2014, n. 162 (pubblicata nella Gazzetta Ufficiale n. 261 del 10 novembre 2014), è senza alcun dubbio il nuovo istituto della negoziazione assistita da uno o più avvocati.

E' disciplinato negli articoli dal 2 a 11 ed è stato creato dal legislatore al fine di offrire alle parti in causa un rimedio di carattere generale applicabile a tutte le fattispecie in cui si verta in materia di diritti disponibili (con esclusione delle cause aventi ad oggetto il diritto del lavoro) per far uscire la controversia dalle aule giudiziarie e affidare la soluzione ad una funzione mediatrice di uno o più avvocati.

La negoziazione assistita si presenta sotto tre aspetti. Il primo è l'istituto generale, quello oggetto del presente capitolo, il secondo è quello di pregiudiziale al processo civile, il terzo è quello che ha ad oggetto la separazione ed il divorzio.

COSA E'

La negoziazione assistita **è un negozio giuridico bilaterale con il quale le parti** di una controversia **si impegnano** vicendevolmente **a cooperare in buona fede e in lealtà** per risolvere in via amichevole la controversia che li riguarda.

E', in altri termini, un impegno reciproco, con forma scritta e l'assistenza obbligatoria di almeno un avvocato che deve provvedere ad autenticare le firme, che ha ad oggetto l'impegno a cooperare in buona fede e lealtà, con espressa indicazione dell'oggetto della controversia e deve recare un termine entro il quale concludere la procedura.

Si tratta, dunque, di un accordo "quadro" con il quale le parti definiscono l'oggetto della cooperazione e si impegnano a collaborare lealmente, in altri termini un "discutiamone"!

Va ricordato che l'accordo quadro prevede che le parti dichiarano di collaborare con buona fede e lealtà per la eventuale conclusione dell'accordo definitivo.

Ove una delle parti non agisca in buona fede ne deriva il sorgere della responsabilità contrattuale con conseguenti obblighi risarcitori.

L'oggetto della convenzione di negoziazione non può consistere in diritti indisponibili (con l'eccezione dei diritti di stato di cui alla negoziazione assistita avente ad oggetto separazione e divorzio) e non può vertere in materia di lavoro.

Il termine entro il quale svolgere la procedura non può essere inferiore a un mese e non può essere superiore a tre, salvo un successivo accordo per prorogare la scadenza al massimo di ulteriori trenta giorni.

Al fine di incentivare siffatta forma di collaborazione, il legislatore ha imposto agli avvocati l'obbligo di avvisare i propri assistiti circa la possibilità di ricorrere alla convenzione di negoziazione assistita. Tale obbligo viene delineato come "dovere deontologico" del professionista.

Ne deriva che l'inadempimento dell'obbligo di avvisare il cliente della possibilità di ricorrere alla negoziazione assistita rappresenta, per l'avvocato, un illecito disciplinare sanzionabile.

LA CONVENZIONE DI NEGOZIAZIONE ASSISTITA OBBLIGATORIA

Di norma la negoziazione assistita non è un obbligo per le parti, **è solo una facoltà** che il legislatore riconosce ad essi per giungere, attraverso un accordo di collaborazione, ad una transazione extragiudiziaria della controversia. Ciò significa che le parti sono assolutamente libere di scegliere la via dell'accordo o la via del processo.

In alcuni casi, però, il tentativo volto a concludere una convenzione di negoziazione assistita è configurato come **condizione di procedibilità** della domanda giudiziaria, rendendolo così obbligatorio.

E' stato imposto, cioè, alla parte l'obbligo di tentare di raggiungere la convenzione con la o le controparti e solo in caso negativo si è riconosciuta la facoltà di procedere all'azione giudiziaria.

Tali casi riguardano le controversie per risarcimento del danno da circolazione dei veicoli e dei natanti e le domande di pagamento a qualsiasi titolo di somme non eccedenti cinquantamila euro.

Tale seconda ipotesi, le domande di pagamento di somme fino a cinquantamila euro, diventa effettiva, e quindi obbligatoria, solo se la domanda non rientra tra quelle che devono essere oggetto della cd. **mediazione obbligatoria**. Tali domande, quelle per cui è obbligatoria la mediazione, sono elencate nel comma 1*bis* del decreto legislativo 4 marzo 2010, n. 28 e sono:

condominio, diritti reali, divisione, successioni ereditarie, patti di famiglia, locazione, comodato, affitto di aziende, risarcimento del danno derivante da responsabilità medica e sanitaria e da diffamazione con il mezzo della stampa o con altro mezzo di pubblicità, contratti assicurativi, bancari e finanziari.

Quindi, per tali materie vale l'obbligo della mediazione. Se, però, la lite non è compresa tra tali materie, e fino al valore di cinquantamila euro, scatta l'obbligo del tentativo di convenzione di negoziazione.

Ci sono ulteriori eccezioni. Tale obbligo di tentativo di convenzione di negoziazione assistita non si applica alle procedure di ingiunzione e di opposizione, ai procedimenti di consulenza tecnica preventiva ai fini della composizione delle controversie, all'opposizione all'esecuzione, ai procedimenti in camera di consiglio e all'azione civile esercitata nel processo penale.

Cosa deve fare la parte? Deve munirsi di avvocato e inviare, tramite l'avvocato, all'altra parte un invito a stipulare una convenzione di negoziazione assistita.

Trattandosi di una sorta di proposta contrattuale, è chiaro che essa deve avere la stessa forma del contratto cui inerisce, quindi nel caso specifico la forma scritta, deve avere la chiara indicazione dei soggetti coinvolti e dei professionisti impegnati, l'indicazione della scadenza per l'accettazione e della durata della negoziazione e, ben chiaro, l'oggetto della controversia. Inoltre, ai sensi dell'art. 4 del D.L. in questione, la proposta deve contenere anche "l'avvertimento che la mancata risposta all'invito entro trenta giorni dalla ricezione o il suo rifiuto può essere valutato dal giudice ai fini delle spese del giudizio e di quanto previsto dagli articoli 96 e 642, primo comma, del codice di procedura civile". La firma del proponente, infine, deve essere autenticata dall'avvocato incaricato.

L'avvocato, ovviamente, manterrà il segreto professionale sull'oggetto dell'incarico e, anche solo per l'incarico di formulare la proposta di negoziazione assistita, deve essere retribuito. Nel caso di negoziazione pregiudiziale obbligatoria l'assistito che non è in grado di far fronte alle spese legali non sarà tenuto a corrisponderlo purché dichiari, con una dichiarazione scritta e giurata, di trovarsi nelle condizioni per ricevere il beneficio del patrocinio a spese dello Stato.

Effettuata la proposta gli scenari che si aprono sono plurimi.

Il destinatario può non rispondere nel termine concesso dal proponente o può accettare la proposta (si ritiene sempre per iscritto, per il principio che se un contratto è previsto a forma scritta anche proposta ed accettazione devono avere la stessa forma). Nel caso in cui accetta, si può giungere ad un nulla di fatto ovvero ad un contratto che risolve la lite sorta tra le parti.

In caso di mancata risposta o in caso di mancato accordo, l'avvocato o gli avvocati incaricati redigono una dichiarazione di mancato accordo (che poi sarà esibito nella causa innanzi al giudice).

Nel caso in cui, invece, le parti trovano un accordo, tale accordo andrà formalizzato in un documento scritto e sottoscritto dalle parti e dagli avvocati e costituirà titolo esecutivo e titolo per l'iscrizione di ipoteca giudiziale.

Se poi l'accordo ha ad oggetto un trasferimento di beni che richiede la trascrizione, occorre che le parti si muniscano anche di un pubblico ufficiale autorizzato a certificare le firme per le attività negoziali (praticamente, un notaio).

Gli avvocati che hanno collaborato all'accordo, quali difensori delle parti, non possono agire per l'impugnazione dell'accordo, a pena di responsabilità disciplinare.

LA CONVENZIONE DI NEGOZIAZIONE ASSISTITA OBBLIGATORIA IN MATERIA DI DIRITTO DI FAMIGLIA.

Per determinate domande giudiziali che vertono in materia di diritto di famiglia, sussiste l'obbligo della convenzione di negoziazione assistita quale pregiudiziale al processo civile.

In particolare si tratta delle domande che vanno proposte innanzi al giudice nel regime di contenzioso ordinario.

Le domande non devono essere soggette al rito camerale e non devono superare il valore di cinquantamila euro, inoltre, come già detto sopra, non devono avere ad oggetto diritti indisponibili.

A tal fine va ricordato che per individuare il valore della controversia, valgono le regole stabilite negli articoli 10 e seguenti del codice di procedura civile. Si ricorda, in particolare, stante l'incidenza statistica più frequente nel contenzioso innanzi al Tribunale, che, ai sensi dell'art. 13 c.p.c., "nelle cause per prestazioni alimentari periodiche, se il titolo è controverso, il valore si determina in base all'ammontare delle somme dovute per due anni".

A titolo esemplificativo, **le cause che possono presentarsi alla cognizione del giudice della famiglia sono**: l'azione proposta ai sensi dell'art. 433 c.c. per la dichiarazione dell'obbligo alimentare tra maggiorenni, l'azione di condanna esercitata da un genitore verso l'altro per il recupero della quota parte delle spese straordinarie sostenute per i figli, l'azione per il risarcimento del danno da illecito endofamiliare, le cause per la divisione dei beni in seguito allo scioglimento della comunione dei coniugi (salvo che non si ritenga che, trattandosi di "divisione", essa sia soggetta alla mediazione obbligatoria), l'azione revocatoria dell'atto di costituzione del fondo patrimoniale, la richiesta di determinazione dell'obbligo di mantenimento dei genitori e degli ascendenti, ai sensi degli articoli 148 e 316 bis c.c., salvo che non si ritenga la procedura assimilabile a quella ingiuntiva per la quale è escluso l'obbligo di negoziazione assistita. Dal momento però che l'art. 316 bis cc. Stabilisce che le parti e il terzo debitore possono sempre chiedere, con le forme del processo ordinario, la modificazione e la revoca del provvedimento, tali azioni, proprio perché soggette alle forme del processo ordinario di cognizione, ricadono nuovamente nell'obbligo della negoziazione obbligatoria pregiudiziale.

LA CONVENZIONE DI NEGOZIAZIONE ASSISTITA FACOLTATIVA

Fuori dei casi previsti per la negoziazione obbligatoria, le parti possono concordare un accordo di negoziazione assistita.

Come già ricordato lo possono fare solo nelle materie riguardanti diritti disponibili ed è esclusa nelle materie soggette al diritto del lavoro.

Apparentemente, è una facoltà che può essere esercitata solo prima dell'inizio della causa. Il termine ultimo, infatti, si ricava dalla circostanza che la comunicazione dell'invito a concludere la convenzione di negoziazione assistita e la sottoscrizione della convenzione sono parificate, ai fini della interruzione della prescrizione, alla proposizione della domanda giudiziaria, effetto che non si produrrebbe se fosse stata già proposta la domanda giudiziaria.

Va però considerato che siccome le parti sono libere di transigere la causa anche in pendenza di essa, lo strumento della convenzione di negoziazione assistita risulta essere quello più proprio per tentare di giungere ad una soluzione concordata.

Di certo, differentemente da quanto previsto per la devoluzione ad arbitri delle cause pendenti alla data di entrata in vigore della presente legge, la convenzione di negoziazione assistita non determinerà effetti processuali (sospensione della causa, obbligo di rinvio, ecc.), in quanto non previsti dalla legge, e solo l'accordo eventualmente scaturito potrà determinare, in tutto o in parte, la cessazione della materia del contendere ovvero confluire in una transazione giudiziale.

Nella pratica, in presenza di una negoziazione assistita, le parti, concordemente, potranno chiede al giudice un rinvio dell'udienza di trattazione al fine di concludere l'accordo negoziato e, ove l'accordo è concluso chiedere, poi, una sentenza che recepisca l'accordo ovvero che dichiari cessata la materia del contendere o, ancora, lasciare che la causa si cancelli dal ruolo.

LE CONSEGUENZE DELLA NEGOZIAZIONE ASSISTITA

Dopo l'accordo delle parti contenente l'impegno a risolvere la controversia, **si può giungere ad un nulla di fatto o ad un accordo transattivo.**

Nel primo caso saranno gli avvocati che difendono le parti in causa a dare atto, certificandolo in un documento scritto congiunto, il mancato raggiungimento di un accordo.

Nel secondo caso, l'accordo deve avere la forma scritta e non essere contrario alle norme imperative e all'ordine pubblico. Gli avvocati che difendono le parti contendenti devono autenticare le firme apposte in calce all'accordo e attestare, sotto propria responsabilità, la conformità dell'accordo alle norme imperative e all'ordine pubblico.

Tale accordo diviene titolo esecutivo, alla pari di una sentenza. Esso deve essere interamente trascritto nel precetto.

Se con tale accordo le parti concludono contratti o negozi soggetti a trascrizione, per procedere alla trascrizione occorre che le firme siano autenticate anche dai pubblici ufficiali a ciò autorizzati (p.es. notai).

LA NEGOZIAZIONE ASSISTITA NELLA CRISI DELLA FAMIGLIA

L'istituto della convenzione della negoziazione assistita ha trovato spazio e campo di operatività anche nella crisi della famiglia nascente dal matrimonio.

Con una scelta non comprensibile, non è stata resa disponibile alla procedura di "separazione" della famiglia cd. di fatto. Per tale forma di aggregazione familiare, ovverosia la famiglia non basata sul matrimonio, ma frutto di una unione spontanea dei conviventi, non vi è tale facilitazione processuale.

Tale limite si riverbera anche sui figli nati nell'ambito della famiglia di fatto.

Infatti, non nascendo obblighi di mantenimento o assistenziali tra i componenti della coppia convivente (quanto meno obbligazioni civili) l'assetto della negoziazione assistita sarebbe occorso solo per il mantenimento della prole.

Invece no. Sia perché quando si tratta di figli minori i diritti di mantenimento non sono disponibili, sia perché la disciplina della famiglia di fatto, rientrando nella fattispecie di cui all'art. 337 ter c.c. è soggetta al rito camerale innanzi al collegio, è vietato il ricorso alla procedura semplificata.

La distinzione tra figli nati in costanza di matrimonio e figli nati fuori dal matrimonio, determinando riti processuali diversi, può offrire scenari di illegittimità costituzionale per violazione del principio di uguaglianza, ma ciò richiederebbe altro studio.

Invece, per la famiglia nascente dal matrimonio è prevista la possibilità di una semplificazione tramite l'istituto in questione.

In primo luogo, va evidenziato che nei casi previsti dall'articolo 6 della legge si deroga in modo evidente al principio secondo il quale la convenzione di negoziazione assistita non si applica in presenza di diritti indisponibili.

Infatti **i diritti di stato** che sottendono alla decisione dei casi di separazione e divorzio (lo stato di persona coniugata, quello di persona separata, quello di persona divorziata), lo stato di affidamento dei figli minori, il diritto dei figli minori al mantenimento, sono tutti stati e diritti che vengono generalmente considerati da dottrina e giurisprudenza come diritti indisponibili.

Essi, in realtà, continuano a mantenere tale qualità se attivati innanzi al Tribunale, la perdono se soggetti all'accordo assistito dagli avvocati.

Tant'è.

Il legislatore ha previsto due fattispecie: **la convenzione di negoziazione assistita in presenza di figli aventi diritto al mantenimento e quella in assenza di figli aventi diritto al mantenimento**. Le due forme si applicano sia ai casi di separazione, sia ai casi di divorzio. Inoltre, essa è prevista anche per gli accordi modificativi successivi alla separazione e al divorzio.

LA NEGOZIAZIONE ASSISTITA FAMILIARE IN ASSENZA DI FIGLI AVENTI DIRITTO AL MANTENIMENTO

I SOGGETTI

Prima della proposizione della causa di separazione o di divorzio (e anche nel corso di essa) i coniugi senza figli, ovvero con figli maggiorenni ed autonomi economicamente, possono stipulare la convenzione di negoziazione assistita finalizzata ad un accordo per la regolamentazione della loro separazione o del loro divorzio. La convenzione prevede la partecipazione anche degli avvocati delle parti i quali firmano e certificano le sottoscrizioni delle parti stesse ed attestano che gli accordi non sono in violazione delle norme imperative e dell'ordine pubblico.

LA FORMA

La convenzione di negoziazione assistita, come visto, può nascere o da uno spontaneo e convergente interesse delle parti di impegnarsi in buona fede a risolvere la controversia, ovvero può provenire dall'invito di uno dei coniugi.

La parte che si rivolge all'avvocato, ai sensi dell'art. 2 comma 7 del D.L. 132/14, deve essere informato da questi della possibilità di ricorrere alla negoziazione assistita.

Sicuramente, il coniuge che si è rivolto all'avvocato già sarà stato informato dal legale della possibilità di ricorrere alla convenzione di negoziazione assistita, posto che l'art. 2, comma 7 del D.L. 132/14 prevede espressamente l'obbligo dell'avvocato di informare il cliente di tale facoltà.

Quindi può essere inviato all'altra parte l'invito che deve avere, a pena di nullità, forma scritta, così come la convenzione e così come anche l'accordo che eventualmente ne scaturisce. Tale obbligo è stabilito a pena di nullità.

La norma prevede che l'invito deve essere trasmesso per il tramite di un avvocato. Il che significa che è l'avvocato a spedire l'invito su richiesta del suo assistito.

L'invito deve essere sottoscritto dalla parte e dall'avvocato che autentica anche la firma del cliente.

In caso di esito positivo le parti stipulano, quindi, la convenzione di negoziazione assistita in cui si impegnano a collaborare in lealtà e buona fede per la risoluzione della controversia.

Anche tale atto deve avere la forma scritta e le sottoscrizioni delle parti e degli avvocati di esse che ne certificano la autografia.

L'accordo che ne scaturisce, come detto, deve anche rivestire la forma scritta ed avere le sottoscrizioni delle parti, le firme degli avvocati e le autentiche delle firme.

Ricordiamo che se con l'accordo le parti disciplinano materie soggette a trascrizione, occorre anche la firma di un professionista abilitato ad autenticare le firme ai fini della trascrizione (di solito i notai).

IL CONTENUTO

L'invito e la convenzione di negoziazione assistita devono contenere l'esatta indicazione dell'oggetto della controversia. Nel caso di specie si farà riferimento alla volontà di separarsi o alla causa già in corso, o alla volontà di divorziare (nelle due forme della cessazione degli effetti civili del matrimonio, se il matrimonio fu contratto con il rito concordatario, in Chiesa, per intenderci, o nella forma dello scioglimento del matrimonio se esso fu contratto innanzi all'Ufficiale dello stato civile).

La convenzione, inoltre, dovrà contenere il preciso impegno dei coniugi di "cooperare in buona fede e con lealtà per risolvere in via amichevole la controversia" che li occupa.

Devono infine contenere un termine. Per l'invito esso è di 30 giorni dalla comunicazione per rispondere, per la convenzione non è inferiore ad un mese e non è superiore a tre mesi.

Anche se la legge non lo dice, risulta chiaro che i due atti devono indicare le generalità dei soggetti della lite e dei loro difensori, devono avere precise indicazioni di reperibilità per le comunicazioni delle parti e dei difensori.

Nel silenzio della legge non si esclude che l'invitante possa anche inserire la sua ipotesi di accordo, anzi ciò sarebbe preferibile perché consentirebbe alla controparte una valutazione compiuta in perfetta aderenza allo spirito della legge che pretende dalle parti un comportamento leale e in buona fede.

IL CONTENUTO DELL'ACCORDO

Merita un paragrafo a sé il contenuto dell'accordo seguito alla negoziazione, atteso che su di esso bisogna essere molto precisi per ottenere il nulla osta del pubblico ministero.

Innanzi tutto qui trattiamo della coppia sposata senza figli aventi diritto al mantenimento.

L'accordo dovrà contenere l'indicazione delle parti e i loro difensori.

Serviranno le generalità complete delle parti, con specifica indicazione della loro residenza la quale, in alcuni casi, servirà a determinare il Tribunale competente territorialmente per la individuazione del Pubblico Ministero al quale inoltrare l'accordo.

Si dovrà indicare la presenza di figli nati dalla coppia con l'indicazione della data di nascita e la specificazione, per ciascuno di essi, relativa alla loro autosufficienza economica.

Si dovrà indicare il luogo di matrimonio e la data di esso.

Se si tratta di accordo di divorzio, nelle due forme dello scioglimento del matrimonio o della cessazione degli effetti civili del matrimonio, si dovrà indicare l'udienza presidenziale della separazione intercorsa in cui i coniugi furono autorizzati a vivere separatamente o la data dell'omologazione della separazione consensuale (perché da tale momento decorrono i tre anni previsti dalla legge per l'ammissibilità della domanda di divorzio) e in caso di separazione giudiziale, in seguito a sentenza cioè, si dovranno indicare la data di deposito e il numero della sentenza di separazione e attestare l'avvenuto passaggio in giudicato della sentenza stessa.

L'accordo dovrà contenere i patti della separazione e del divorzio.

Qui si può fare una distinzione tra il contenuto essenziale della separazione o del divorzio e un contenuto accidentale e di carattere negoziale.

Il contenuto essenziale è quanto discende dalla separazione o dal divorzio e trova disciplina nelle specifiche norme del codice, o della legge, di riferimento.

Si tratta, mancando nella fattispecie figli aventi diritto al mantenimento, tipicamente dell'assegno di mantenimento, nel procedimento di separazione, e dell'assegno di divorzio o post matrimoniale, nel procedimento di divorzio.

L'assegno di mantenimento è un diritto del coniuge più debole economicamente e consiste in una somma di danaro consegnata periodicamente dall'altro coniuge allo scopo di consentire il mantenimento dello stesso tenore di vita goduto durante il matrimonio.

L'assegno divorzile, invece, ha una funzione assistenziale e serve a tutelare l'ex coniuge se non è in grado di trovarsi un lavoro senza colpa.

Si rimanda alla parte introduttiva per un maggiore approfondimento. Qui giova rilevare che siccome si tratta di diritti disponibili tra persone di maggiore età, la loro misura o la mancanza non potranno essere censurate dal Pubblico Ministero.

Saranno poi necessarie le firme delle parti, l'autentica delle firme da parte degli avvocati e la loro attestazione che i patti non violano norme imperative e di buon costume. Infine, gli avvocati devono dare atto di aver tentato di conciliare le parti e di averle informate della possibilità di esperire la mediazione familiare.

Nell'accordo di cui si discute, in cui mancano figli minori, gli avvocati non sono tenuti ad inserire anche la circostanza prevista dall'art. 6 dell'aver avvertito i coniugi dell'importanza per il minore di trascorrere tempi adeguati con ciascuno dei genitori. L'inserimento, chiaramente, sarebbe ridondante.

Redatto e firmato l'accordo, questo va trasmesso al Procuratore della Repubblica presso il Tribunale competente.

Non è previsto un termine entro il quale trasmettere l'accordo al Procuratore della Repubblica (differentemente da quanto è previso per l'accordo in presenza di figli aventi diritto al mantenimento), ma se non si ottiene il nulla osta, non saranno operativi gli effetti previsti dall'ultimo comma dell'art. 6, cioè gli effetti dei provvedimenti giudiziari che definiscono i procedimenti di separazione e divorzio e di modifica delle condizioni di separazioni e divorzio.

Con risposta a quesito datata 16 marzo 2015, il Dipartimento per gli affari di giustizia del Ministero della Giustizia ha precisato che con il deposito dell'accordo negoziato presso l'ufficio del Procuratore della Repubblica **non è dovuto il pagamento di alcun contributo unificato di iscrizione a ruolo** di cui all'art. 9, d.p.r. 30 maggio 2002, n. 115, in quanto "il Procuratore della Repubblica svolge un'attività di controllo e verifica con caratteri di natura amministrativa in sintonia con lo spirito e la ratio della legge che ha degiurisdizionalizzato la materia in oggetto"

Infine, ottenuto il nulla osta, l'avvocato (l'art. 6 recita "l'avvocato della parte" e Il Ministro dell'Interno, con la circolare n. 19 del 28 novembre 2014, ha stabilito che "**l'ufficiale dello stato civile dovrà ricevere da ciascun degli avvocati l'accordo autorizzato, ai fini dei conseguenti adempimenti e, trascorso il termine di dieci giorni, dovrà avviare l'iter per l'irrogazione delle sanzioni a carico del legale che abbia violato l'obbligo di trasmissione entro il predetto termine**") deve trasmette entro dieci giorni, riteniamo dalla data in cui ne è venuto in possesso, copia del provvedimento munito del nulla osta e autenticato dall'Ufficio del Pubblico Ministero, il quale, anche se non scritto, dovrà conservare in archivio l'originale dell'accordo al pari di qualsiasi procedura depositata presso un ufficio giudiziario, all'ufficiale dello Stato civile del luogo in cui fu iscritto o trascritto il matrimonio (in altri termini dove fu celebrato, salvi i casi di matrimonio all'estero). L'omissione di tale adempimento è sanzionata in via amministrativa con una sanzione pecuniaria da 2.000 a 10.000 euro a carico dell'avvocato della parte. La sanzione è irrogata dal Comune dove devono essere eseguite le annotazioni previste dall'art. 69 del D.p.R. 3 novembre 2000, n. 396.

Stranamente la legge non stabilisce per il Procuratore della Repubblica alcun termine per provvedere sugli accordi negoziati. Ciò non significa che il Procuratore della Repubblica possa ritardare quanto vuole il suo esame e il conseguenziale nulla osta, ma certamente la scelta del legislatore non indurrà il Procuratore a porre la materia che ci occupa al primo posto delle sue priorità. Indubbiamente, in grandi città, dove gli uffici della Procura hanno sezioni destinate esclusivamente agli "affari civili" la risposta del pubblico ministero sarà più rapida. Qualche dubbio di veloce decisione potrà sorgere per gli uffici più piccoli già oberati dalle funzioni penali e da personale sempre insufficiente.

Il Ministero della Giustizia, rispondendo a quesito il 13 marzo 2015, ha precisato che l'attività dell'avvocato, in tutta **la procedura di negoziazione assistita non è soggetta alla sospensione dei termini processuali nel periodo feriale** di cui all'art. 1, legge 7 ottobre 1969, n. 742, per il carattere amministrativo e non giurisdizionale della negoziazione assistita familiare.

LA NEGOZIAZIONE ASSISTITA IN PRESENZA DI FIGLI AVENTI DIRITTO AL MANTENIMENTO

Il parlamento, in sede di conversione del decreto legge, ha ampliato l'originaria previsione del decreto, inserendo anche la possibilità che nelle materie della separazione e del divorzio, nonché nelle procedure modificative delle condizioni della separazione e del divorzio, si possa giungere ad un accordo, in seguito a negoziazione assistita in presenza di figli minori, di figli maggiorenni non economicamente autosufficienti e di figli incapaci o portatori di handicap grave.

La scelta del legislatore di affidare ai buoni uffici degli avvocati il controllo in ordine alle decisioni prese dalla coppia in crisi relativamente al soggetto debole per antonomasia della famiglia in disgregazione, il figlio minore o incapace, è una scelta che manifesta una forte fiducia nella maturità e sensibilità della classe forense che è chiamata ad esercitare il primo, e più pregnante, filtro verso scelte genitoriali che potrebbero, in buona fede o in malafede, ledere gli interessi di chi, in tale procedura non ha alcuna voce.

L'ASCOLTO DEL MINORE

Meno di un anno prima dell'entrata in vigore della legge in discussione, fu promulgato il decreto legislativo 28 dicembre 2013 n. 154 che, raccogliendo l'eredità di una produzione normativa internazionale maturata negli ultimi cinquantanni, ha previsto in tutte le procedure giudiziarie in cui si assumono provvedimenti relativi all'affidamento di prole di minore età, ma superiore a dodici anni, l'obbligo dell'audizione del minore.

L'audizione ha lo scopo di far esprimere al minore i suoi bisogni in ordine al suo affidamento e alla sua collocazione e la Cassazione ha sanzionato di nullità la sentenza di primo grado adottata in assenza di audizione del minore nei casi in cui risultava richiesta.

L'esperienza giudiziaria, talvolta, ha fatto emergere profonde divergenze tra quanto richiesto dai genitori e quanto rivendicato dai figli, a riprova dell'assoluta necessità del coinvolgimento dei figli nei provvedimenti che li riguardano.

Con una scelta che non brilla per chiarezza, il legislatore della negoziazione non ha previsto espressamente il diritto dei figli ad essere sentiti nella procedura di negoziazione assistita relativa alla separazione, al divorzio, o alle modifiche delle condizioni di separazione e divorzio.

Tale silenzio fa sorgere seri dubbi di tenuta costituzionale della normativa per il sistema della gerarchia delle fonti, considerato il palese contrasto con le convenzioni europee e internazionali (si ricordano la **Convenzione dell'Aja** del 28 maggio 1970 **sul rimpatrio dei minori**, la **Convenzione europea sul riconoscimento e l'esecuzione delle decisioni in materia di affidamento dei minori**, Lussemburgo 20 maggio 1980, la **Convenzione sugli aspetti civili della sottrazione internazionale dei minori**, l'Aja 25 ottobre 1980, convenzioni ratificate e rese esecutive in Italia con la L. 15 gennaio 1994, n. 64, **la Convenzione sui diritti del fanciullo**, resa a New York il 20 novembre 1989, ratificata con la legge 27 maggio 1991

n. 176 (con la quale si affermò che l'interesse superiore del fanciullo dovesse essere tenuto in considerazione preminente in tutte le decisioni relative ai fanciulli, sia dell'autorità amministrativa, sia dell'autorità giurisdizionale, e che gli Stati firmatari avrebbero dovuto garantire "al fanciullo capace di discernimento il diritto di esprimere liberamente la sua opinione su ogni questione che lo interessa", dando facoltà al fanciullo "di essere ascoltato in ogni procedura giudiziaria o amministrativa che lo concerne, sia direttamente, sia tramite un rappresentante o un organo appropriato, in maniera compatibile con le regole di procedura della legislazione nazionale"), la **Convenzione europea sull'esercizio dei diritti dei fanciulli**, resa a Strasburgo il 25 gennaio 1996 e ratificata in Italia con la L. n. 77 del 20 marzo 2003, in cui si afferma il diritto del fanciullo dotato di discernimento di essere consultato, di esprimere la propria opinione e di essere informato sulle conseguenze della propria opinione, il **Regolamento CE n. 2201 del 27 novembre 2003** con il quale è stata disposta l'esecutività immediata negli Stati membri delle decisioni assunte da uno di essi salvo che l'eventuale decisione riguardante il fanciullo, in un procedimento relativo alla ora responsabilità genitoriale, sia stata assunta senza il preventivo ascolto del minore, solo per citarne alcune).

Inoltre, si consideri che il codice deontologico degli avvocati vieta agli stessi di procedere all'audizione dei minorenni.

Quindi, ricercando una soluzione costituzionalmente orientata che garantisca l'audizione dei figli minori anche nelle procedure di negoziazione assistita così evitando il rischio che un ufficio di Procura possa bloccare un accordo ovvero che un Presidente di Tribunale possa sollevare una questione di legittimità costituzionale, si può rinvenire una agevole soluzione nell'art. 315 bis c.c. che recita, al secondo comma, "**Il figlio minore che abbia compiuto gli anni dodici, e anche di età inferiore ove capace di discernimento, ha diritto di essere ascoltato in tutte le questioni e le procedure che lo riguardano. Il figlio deve rispettare i genitori e deve contribuire, in relazione alle proprie capacità, alle proprie sostanze e al proprio reddito, al mantenimento della famiglia finché convive con essa**".

Tale norma, come risulta evidente dal suo tenore letterale, impone l'obbligo dell'ascolto del minore direttamente in capo ai suoi genitori.

Siccome sono i genitori i primi portatori degli interessi del figlio e sono i primi interpreti delle sue esigenze essi, per esercitare la responsabilità genitoriale, hanno l'obbligo di ascoltarlo in qualunque fase della sua vita almeno fin tanto che egli ha capacità di discernimento e finché essi ne sono responsabili (generalmente fino alla maggiore età) e sono essi stessi, come accade durante la ordinaria convivenza familiare, a rendersi portavoce delle sue esigenze davanti agli avvocati che devono redigere l'accordo negoziato.

In tal modo è assicurata, sebbene indirettamente, la partecipazione del figlio alla vicenda separativa.

Il rispetto dell'art. 315 bis c.c., e cioè il **dare atto dell'avvenuto ascolto da parte dei genitori e della volontà del figlio minore**, è uno degli obblighi cogenti della procedura di negoziazione, uno di quegli obblighi la cui osservanza integra il rispetto di quelle **norme imperative** che gli avvocati devono tener presente quando dichiarano la conformità dell'accordo alle stesse e all'ordine pubblico, come imposto dall'art. 5.

IL CONTENUTO DELL'ACCORDO

Nell'accordo si dovrà stabilire **l'entità del mantenimento** non solo del coniuge (o l'assegno post matrimoniale), ma anche dei figli, considerando che sussiste il primario dovere dei genitori di mantenere, educare e istruire la prole.

Si dovranno stabilire i criteri di **affidamento dei figli** (se minorenni, incapaci o soggetti ad handicap grave) e stabilire dove gli stessi risiederanno. Infine, bisognerà garantire un adeguato contatto della prole con entrambe le figure genitoriali.

Affidamento dei figli e mantenimento degli stessi sono aspetti strettamente intrecciati. Deve ricordarsi che già con la legge 54/2006 fu stabilito il principio dell'affidamento condiviso dei figli minori ad entrambi i genitori e questo è, attualmente, il regime preferenziale previsto dall'art. 337 ter c.c.. È connesso, poi, a tale opzione legislativa il regime di necessaria condivisione delle scelte relative all'accudimento ed alla educazione dei figli minori e tale regime va ben oltre il mero obbligo di concordare le decisioni di maggiore interesse come previsto dalla legge numero 898 del 1970, articolo sei, comma quattro, nel caso in cui i figli siano affidati ad uno solo dei genitori, con connessa attribuzione di un diritto di vigilanza del genitore non affidatario.

L'affidamento condiviso, infatti, implica uguali poteri e responsabilità dei genitori, al fine del corretto sviluppo psicofisico dei figli e della loro formazione morale e culturale. Ciò comporta la compartecipazione dei genitori ad un progetto educativo comune che non può risolversi in una mera adesione di un genitore alle scelte compiute dall'altro.

Ciò integra la cosiddetta **bigenitorialità**, principio solennemente affermato dalla convenzione sui diritti del fanciullo di New York del 20 novembre 1989, ratificata con legge 27 maggio 1991, numero 176 e immanente in tutto ciò che riguarda la vita dei figli.

Come abbiamo ricordato nella parte iniziale del presente libro, l'art. 337 ter c.c. indica la via maestra dell'affidamento condiviso dei figli minori. Il legislatore, in altri termini, ha previsto che i genitori possono sì separarsi come marito e moglie, ma giammai possono farlo come genitori comuni della medesima prole. Solo in casi estremi e comprovati dove l'affidamento condiviso dei figli minori possa essere di pericolo o di estremo intralcio al loro naturale sviluppo psico fisico, allora si potrà adottare la scelta di un affidamento esclusivo ad uno dei genitori (pensiamo ai casi di grave malattia dell'altro, o di estrema lontananza geografica, o di detenzione, ecc.).

Inoltre, una volta disposto l'affidamento, si dovrà stabilire dove i minori risiederanno. Dal momento che appare difficilmente configurabile una scelta di ripartizione in parti uguali dei figli presso i domicili dei genitori, **va indicato con quale genitore essi risiederanno.**

La seconda esigenza da garantire è quella delle **visite da parte del genitore non convivente.**

Al fine di individuare il necessario tempo di frequentazione della prole con entrambi i genitori, le parti devono indicare quando e per quanto tempo i figli possano stare con il genitore con cui non coabitano.

Regole matematiche non ve ne sono. **Di solito**, nell'esperienza giudiziaria, si stabiliscono un paio di pomeriggi a settimana e dei fine settimana a settimane alterne. Si fissa anche l'alternatività delle festività e un periodo, di solito di quindici giorni, d'estate. Ripetesi, è ciò che di solito accade, ma non è una regola fissa o inderogabile.

Vi è poi l'esigenza di quantificare il **mantenimento** a carico del genitore non convivente.

Com'è noto, la gestione di uno o più figli comporta nel bilancio della famiglia una pluralità di spese e di costi ricorrenti e periodici, si pensi alle spese di alimentazione, a quelle ludiche, a quelle di vestiario, a quelle scolastiche (dalle tasse di iscrizione, ai costi di refezione, dalle spese per i libri a quelle di cancelleria), a quelle sportive, a quelle musicali, ecc. e l'occasionalità di spese per eventi straordinari, di solito di rilevante entità.

Nella coppia genitoriale unita tali spese si affrontano in modo condiviso. La vita offre infinite e variegate soluzioni che vanno dalla condivisione assoluta tra i genitori, tanto nella fase determinativa, quanto in quella esecutiva, ad ipotesi di delega delle scelte con contribuzione alle spese, fino ad opzioni di totale carico delle scelte e delle spese da parte di uno solo dei genitori.

Nella fase della crisi della coppia, invece, occorre stabilire con la dovuta precisione **a chi spetta la scelta sulle spese da affrontare e a chi fanno carico le stesse.**

Secondo la regola generale voluta dal legislatore del 2006 con la legge numero 54 l'affidamento condiviso ad entrambi i genitori dei figli minori dovrebbe comportare un sistema "tipo" di contribuzione diretta da parte dei genitori; ma il sistema disegnato dal legislatore non esclude che si possa stabilire, ove necessario, la corresponsione di un assegno periodico a carico del genitore non collocatario dei figli minori (cassazione numero 9372/2012).

Nell'ipotesi "tipo" prevista dal legislatore all'art. 337 *ter* c.c., dove si vuole la assoluta condivisione e la continuazione delle relazioni genitoriali, nonostante la crisi della coppia, nell'interesse dei figli minori, non v'è motivo per distinguere tra amministrazione ordinaria ed amministrazione straordinaria. Ciascun genitore dovrebbe assicurare il mantenimento diretto dei figli, partecipando al progetto comune, anche con riferimento alle attività ordinarie dei figli stessi. Tale modello di "famiglia in crisi", però, nella pratica quotidiana si incontra molto raramente e risulta anche difficilmente ipotizzabile. Ciò, pertanto, suggerisce, per ottenere l'autorizzazione della Procura della Repubblica, di stabilire un **assegno monetario** da parte del genitore non collocatario dei figli. Infatti, all'obbligo di mantenimento, ai sensi dell'articolo 337 *ter* c.c., si deve far fronte in misura proporzionale al proprio reddito e quindi la corresponsione di un assegno periodico realizza il principio di proporzionalità.

Nella determinazione dell'assegno per il figlio, l'articolo 337 *ter* c.c. pone al primo posto **"le attuali esigenze del figlio"**. Tale scelta legislativa è indice del fatto che l'assegno va in primo luogo parametrato a quelle che sono le esigenze di spesa riguardanti il figlio, effettuando una quantificazione che attualizzi tutto ciò che periodicamente, di solito in ragione di mese, occorre pagare per far fronte alle esigenze del figlio minore. Sebbene l'assegno di mantenimento non si basi solo sulle esigenze del figlio, ma anche su tutti gli altri parametri previsti all'articolo 337 *ter* c.c., la scelta primaria del legislatore determina l'effetto di attribuire all'assegno di mantenimento indiretto un carattere peculiare che si può chiamare di **"omnicomprensività ordinaria"**. Valorizzare l'aspetto omnicomprensivo dell'assegno di mantenimento risponde ad un'esigenza non solo di utilità sociale, ma anche di sicurezza per le parti le quali non dovranno affrontare, in caso di successivo disaccordo, una serie di richieste, rifiuti, incomprensioni, recriminazioni, a cui tante volte, spesso, si assiste laddove l'assegno di mantenimento sia non definito nel suo ammontare, ma definito solo in parte e in parte ancorato ad ambigue formule.

La giurisprudenza, poi, ha stabilito che oltre al mantenimento ordinario, quindi, come detto, quello relativo a tutte le spese prevedibili e ordinarie relative ai figli, va stabilito anche l'obbligo di partecipare alle spese straordinarie che dovessero riguardarli. **Le spese straordinarie**, quelle imponderabili e imprevedibili, in altre parole quelle che al momento della pattuizione non sono ipotizzabili se non in via di mera ipotesi, di solito vengono poste a carico dei genitori per metà ciascuno. Tali spese devono essere preventivamente concordate, onde evitare scelte unilaterali, ed è opportuno che lo si dica nell'accordo.

Infine, per quanto riguarda l'assegno di mantenimento, deve essere previsto un criterio di **aggiornamento dell'assegno**. Si fa riferimento, comunemente, agli **indici istat** dei prezzi al consumo per le famiglie di operai ed impiegati.

Si consideri, inoltre, che generalmente i giudici ritengono la materia degli assegni di mantenimento per i figli minori materia non disponibile liberamente dai genitori. Infatti l'art. 337 *ter* c.c. stabilisce che il giudice "prende atto se non contrari agli interessi dei figli, degli accordi intervenuti dai genitori". Ciò significa che il Procuratore della Repubblica valuterà l'accordo sotto la luce dell'interesse dei figli.

In molti tribunali, in mancanza di elementi ulteriori, il controllo viene effettuato in modo *economico*, nel senso, cioè che l'assegno di mantenimento deve garantire almeno il limite vitale per un figlio minore, non deve essere deteriore rispetto ad accordi precedentemente presi o decisioni assunte e non deve ingiustificatamente determinare una disparità di trattamento dei figli.

Nella **determinazione dell'assegno** vanno considerate le esigenze del figlio, il tenore di vita goduto durante la convivenza, il tempi di permanenza presso ciascun genitore, le risorse economiche di entrambi i genitori, la valenza economica dei compiti domestici e di cura assunti da ciascun genitore.

Sono necessari tutti gli adempimenti e le accortezze descritti nel capitolo precedente ed inoltre anche l'attestazione da parte degli avvocati di aver avvisato le parti **dell'importanza per il minore di trascorrere tempi adeguati con ciascuno dei genitori.**

Redatto e firmato l'accordo, questo va trasmesso al Procuratore della Repubblica presso il Tribunale competente.

Stavolta, a differenza di quanto visto nel capitolo precedente, è previsto che ciò avvenga nel termine di **dieci giorni dall'accordo.**

Come già indicato per l'accordo negoziato senza figli, il deposito non è soggetto al pagamento del contributo unificato e l'intera procedura non beneficia della sospensione feriale a causa del suo carattere amministrativo e non giurisdizionale (Ministero della Giustizia, risposta a quesito del 13 marzo 2015).

Il Procuratore della Repubblica non ha un termine entro il quale esprimere la sua valutazione, in linea con tutte le scelte del legislatore di non vincolare i tempi delle decisioni giudiziarie.

Il Procuratore della Repubblica dovrà valutare non solo la regolarità (formale e di rispetto delle norme imperative e del buon costume) dell'accordo, ma anche la rispondenza dello stesso all'interesse della prole.

Se il risultato sarà positivo esprimerà la sua autorizzazione (non si parla di nulla osta quando ci sono figli aventi diritti al mantenimento perché il controllo non è solo formale, ma anche sul contenuto), se riterrà che il suo esame non risulti superato positivamente, entro cinque giorni dalla decisione deve trasmettere l'accordo al Presidente del Tribunale che fissa entro i successivi trenta giorni la comparizione delle parti e provvede senza ritardo.

Non sono stabiliti né la natura che deve assumere il provvedimento del Presidente, né l'obbligo di motivazione. In seguito daremo atto del dibattito in corso sui poteri del Presidente, per ora basti sapere che si ritiene preferibile la teoria innovatrice secondo la quale al Presidente compete il controllo dell'operato del Procuratore della Repubblica con conseguente autorizzazione o diniego di autorizzazione dell'accordo.

Può ritenersi che il provvedimento del Presidente assuma la forma del decreto che è atto che conclude una fase, sia in caso di autorizzazione sia in caso di diniego di autorizzazione.

Non è previsto né reclamo né appello all'eventuale provvedimento positivo o negativo del Presidente del Tribunale. Di certo, stante la natura mai definitiva dei provvedimenti relativi alle condizioni della separazione o del divorzio, si deve ritenere che essi giammai passino in giudicato con conseguenziale esclusione della possibilità di ricorso alla Corte di Cassazione.

Ottenuta l'autorizzazione saranno operativi gli effetti al pari dei provvedimenti giudiziari che definiscono i procedimenti di separazione e divorzio e di modifica delle condizioni di separazioni e divorzio.

Anche in tale caso, uno degli avvocati (l'art. 6 recita "l'avvocato della parte", e Il Ministro dell'Interno, con la circolare n. 19 del 28 novembre 2014, ha stabilito che "**l'ufficiale dello stato civile dovrà ricevere da ciascun degli avvocati l'accordo autorizzato, ai fini dei conseguenti adempimenti e, trascorso il termine di dieci** giorni, dovrà avviare l'iter per l'irrogazione delle sanzioni a crico del legale che abbia violato l'obbligo di trasmissione entro il **predetto termine**") deve trasmette entro dieci giorni, riteniamo dalla data in cui ne è venuto in possesso, copia del provvedimento munito dell'autorizzazione e autenticato dall'Ufficio giudiziario che ha autorizzato l'accoro, il quale, anche se non scritto, dovrà conservare in archivio l'originale dell'accordo al pari di qualsiasi procedura depositata presso un ufficio giudiziario, all'ufficiale dello Stato civile del luogo in cui fu iscritto o trascritto il matrimonio (in altri termini dove fu celebrato, salvi i casi di matrimonio all'estero). L'omissione di tale adempimento è sanzionata in via amministrativa con una sanzione pecuniaria da 2.000 a 10.000 euro a carico dell'avvocato della parte. La sanzione è irrogata dal Comune dove devono essere eseguite le annotazioni previste dall'art. 69 del D.p.R. 3 novembre 2000, n. 396.

I PATTI MODIFICATIVI DI SEPARAZIONE E DIVORZIO

Come previsto dal decreto legge, le parti possono procedere alla negoziazione assistita per giungere a un accordo modificativo delle condizioni della separazione tra loro pronunciata (o omologata o assistita), dello scioglimento del matrimonio o della cessazione degli effetti civili del matrimonio, tanto se decisa con sentenza dal Tribunale (dopo un rito contenzioso o dopo ricorso per divorzio congiunto), quanto se discendente da un accordo assistito, e di una precedente modifica delle condizioni della separazione o divorzio, tanto se effettuata con decreto del Tribunale, quanto se effettuata con accordo in seguito a negoziazione assistita.

Valgono per tale ipotesi le stesse regole su viste per i due tipi di accordo a seconda dell'esistenza o meno di figli aventi diritto al mantenimento. Quindi cambieranno le formalità da inserire nell'accordo, i termini di presentazione dell'accordo al Procuratore della Repubblica e cambieranno le opzioni del Procuratore della Repubblica stesso.

Al fine di ottenere il nulla osta o l'autorizzazione dell'ufficio della Procura della Repubblica, risulta indispensabile, laddove si verta in materia di diritti dei figli minori o incapaci o portatori di handicap grave, giustificare i provvedimenti che li riguardano.

Se vi saranno mutamenti nel loro regime di affidamento, in senso restrittivo, se verrà modificato il regime di visita, non favorendo un equilibrato rapporto con il genitore non convivente, se sarà ridotto il mantenimento a loro spettante, se non si darà atto dell'ascolto degli stessi da parte dei genitori e della loro volontà, le parti troveranno notevoli difficoltà a ricevere l'autorizzazione del Procuratore della Repubblica.

Va infatti chiarito che dette materie non sono liberamente disponibili dai genitori, atteso che l'interesse superiore dei minori impone al Procuratore della Repubblica di valutare se le modifiche non sono in contrasto con il predetto interesse.

Allora le parti, per ottenere l'autorizzazione, hanno un preciso onere di dimostrazione della sussistenza dei requisiti posti a fondamento delle loro richieste. In altri termini devono convincere il Procuratore della Repubblica che la contrazione dell'interesse dei figli è necessitato e non aspetto secondario di una scelta negoziale delle parti che risponde ad altri interessi.

Così una modifica dell'affidamento da condiviso a esclusivo, ovvero dall'un genitore all'altro, deve basarsi su fatti precisi che giustifichino, nell'interesse superiore del figlio, tale scelta. Potrebbe essere, per esempio, l'allontanamento di un genitore per lavoro, uno stato di detenzione, ma non potrebbe essere, ad esempio, un semplice disinteresse di uno dei genitori, ovvero la costituzione di una nuova famiglia con nuovi figli.

Dal momento che manca una attività volta a convincere l'autorità giudiziaria come accade con i mezzi istruttori nel corso di una causa civile, la prova potrà essere offerta solo documentalmente.

Si ritorna, pertanto, alla raccomandazione di allegare all'accordo tutta la documentazione comprovante le modifiche avvenute che giustificano il nuovo accordo.

Inoltre, **per modificare una separazione** occorre che vi sia la prova di essa (la sentenza o l'omologa o l'accordo autorizzato), che vi sia prova del matrimonio (l'estratto per riassunto del certificato di matrimonio rilasciato dal Comune in cui le parti celebrarono il matrimonio), che si documentino i presupposti delle nuove scelte concordate, che vi siano i certificati di residenza delle parti e dei figli minori o incapaci o con handicap grave.

I documenti, essendo rivolti a una Autorità Giudiziaria ed essendo finalizzati a modificare, il più delle volte, lo stato civile delle persone, è opportuno che siano allegati in originale e non in fotocopia.

LE COMPETENZE GIURISDIZIONALI SUCCESSIVE AL DINIEGO DI AUTORIZZAZIONI DEL PUBBLICO MINISTERO.

Come abbiamo ricordato, l'art. 6 del Decreto Legge ha previsto, tra l'altro, che:

In presenza di figli minori, di figli maggiorenni incapaci o portatori di handicap grave ovvero economicamente non autosufficienti, l'accordo raggiunto a seguito di convenzione di negoziazione assistita deve essere trasmesso entro il termine di dieci giorni al procuratore della Repubblica presso il tribunale competente, il quale, quando ritiene che l'accordo risponde all'interesse dei figli, lo autorizza. Quando ritiene che l'accordo non risponde all'interesse dei figli, il procuratore della Repubblica lo trasmette, entro cinque giorni, al presidente del tribunale, che fissa, entro i successivi trenta giorni, la comparizione delle parti e provvede senza ritardo. All'accordo autorizzato si applica il comma 3.

3. L'accordo raggiunto a seguito della convenzione produce gli effetti e tiene luogo dei provvedimenti giudiziali che definiscono, nei casi di cui al comma 1, i procedimenti di separazione personale, di cessazione degli effetti civili del matrimonio, di scioglimento del matrimonio e di modifica delle condizioni di separazione o di divorzio.

La formula adottata dal legislatore non delinea in modo espresso il compito a cui è chiamato il Presidente del Tribunale dopo il rifiuto di autorizzazione da parte del Procuratore della Repubblica. Salvo prevedere la fissazione di una udienza di comparizione delle parti ed affermare che all'esito il Presidente provvede senza ritardo, nulla altro è detto.

In tutta Italia, quindi, è sorta l'esigenza di definire cosa accade dopo la comparizione delle parti, non solo per individuare i magistrati chiamati a trattare le procedure non autorizzate, ma anche per regolare gli adempimenti di cancelleria e gli oneri finanziari conseguenti.

Dai dibattiti informali che si sono tenuti e si tengono tra i magistrati della famiglia, si sono immediatamente delineate due interpretazioni: una che individua nei rimedi tradizionali della separazione e del divorzio la conseguenza processuale del diniego di autorizzazione (che chiameremo "teoria tradizionalistica"), l'altra che individua nella *ratio legis* e nel dichiarato intento deflativo del nuovo istituto le linee guida per individuare nel Presidente del Tribunale l'organo giurisdizionale "finale" della procedura negoziale (che chiameremo "teoria innovatrice").

La teoria tradizionalistica sostiene che, nel silenzio del legislatore, il trasferimento dell'accordo al Presidente non può che determinare la reviviscenza delle forme e procedure tradizionali in materia di famiglia che più si avvicinano ad un accordo delle parti in causa. Quindi il trasferimento dell'accordo negoziato al presidente del Tribunale determinerebbe l'avvio di una separazione consensuale, da concludere con l'omologa previa comparizione dei coniugi, o di un divorzio congiunto, da concludere con una sentenza di divorzio previa comparizione dei coniugi, o di una procedura camerale ex art. 710 c.p.c. o ex art. 9 L. 898/70 da concludere con un decreto motivato, previa comparizione dei coniugi.

Lo scopo di tale impostazione è quello di ricondurre l'esito infruttuoso dell'accordo (per tale dovendosi intendere il diniego di autorizzazione) nei canali tradizionali (da qui il nome liberamente dato alla teoria) già codificati.

In tal modo il Presidente del Tribunale, fissata l'udienza innanzi al collegio, non assume funzioni giurisdizionali (se non nella misura, del tutto eventuale, di componente del collegio giudicante). Fissando l'udienza di comparizione delle parti innanzi al collegio esaurisce il suo compito.

La soluzione però non appaga. Tale ricostruzione soddisfa solo la prima parte della previsione normativa (testualmente il *"presidente del tribunale, che fissa, entro i successivi trenta giorni, la comparizione delle parti"*), ma non anche la seconda parte della disposizione che impone al Presidente di provvedere senza ritardo DOPO la fissazione della comparizione delle parti.

La scelta, inoltre, non tiene in alcun conto che i tempi della definizione dell'accordo negoziato piuttosto che ridursi si allungano considerevolmente, in quanto dopo l'accordo negoziato con la partecipazione dei difensori, dopo il deposito al P. M., dopo il vaglio dello stesso, dopo la trasmissione al Presidente, inizia la fase del divorzio congiunto, della separazione consensuale o della procedure ex art. 710 cpc o 9 L.D..

Inoltre tale sbocco non solo non considera che se le parti avessero voluto proporre il divorzio congiunto, la separazione consensuale o le procedure ex art. 710 cpc o 9 L.D. lo avrebbero potuto fare direttamente, ma danneggia il loro diritto al processo in quanto le parti si troverebbero calate in una procedura già avviata con decadenza dalle pur legittime domande che avrebbero potuto azionare in un giudizio contenzioso, ad esempio quella di richiedere l'addebito di una separazione o un diverso assetto delle condizioni della separazione o divorzio stessi.

La teoria tradizionalistica non tiene in alcun conto, ancora, lo scopo deflativo del legislatore che, si ricorda, è nella stessa intestazione del provvedimento legislativo titolato "**Misure urgenti di degiurisdizionalizzazione ed altri interventi per la definizione dell'arretrato in materia di processo civile**".

Lo scopo deflativo del legislatore si presenta palese nel caso di negoziazione assistita in assenza di figli aventi diritto al mantenimento. In tal caso, il Procuratore della Repubblica deve rilasciare solo un nulla osta. Se lo nega non è prevista alcuna verifica ulteriore. Semplicemente l'accordo non è idoneo a determinare gli effetti. Non inizia la procedura contenziosa o di volontaria giurisdizione che invece la teoria tradizionalistica collega al diniego di autorizzazione.

In linea con la scelta deflativa del legislatore, il Ministro dell'Interno ha emanato la circolare n. 19 del 28 novembre 2014 sugli adempimenti dell'ufficiale dello Stato civile. In essa si legge: "Per quanto di interesse, si segnala che, in relazione alla condizione dei figli, sono stati previsti specifici provvedimenti del Procuratore della Repubblica o del Presidente del Tribunale, e segnatamente l'autorizzazione o il nulla osta, riferiti a tutte le convenzioni concluse dagli avvocati, quale condizione per la successiva trasmissione delle stesse agli uffici dello stato civile(comma 2)."

Conseguentemente, nel formulario allegato alla circolare è prevista l'annotazione del "provvedimento del Presidente del Tribunale" negli atti dello stato civile.

Alla luce delle predette considerazioni, quindi, a parere di chi scrive, la teoria tradizionalistica non risulta esaustiva. Rende il Presidente del Tribunale un mero passacarte, lo deresponsabilizza e attribuisce ad un organo collegiale le competenze susseguenti pur non essendo ciò previsto dalla legge ed in contrasto con il principio della domanda ex artt. 99 cpc, con il principio di corrispondenza tra il chiesto e il pronunciato ex art. 112 cpc e con il principio dell'impulso di parte per la procedura di modifica delle condizioni della separazione o del divorzio.

I punti di debolezza di tale teoria, invece, sono i punti di forza della teoria innovatrice.

Questa pone nel giusto risalto la volontà deflativa del legislatore e lo scopo di "privatizzare" i rapporti coniugali.

"L'utilizzo del termine «degiurisdizionalizzazione» evoca la finalità generale perseguita, che è quella di deviare una parte del contenzioso dalla sede giudiziale a quella stragiudiziale (aspetto questo, che comunque accomuna la negoziazione assistita all'«intervento» di cui all'art. 1 cit.) ovverosia di istituire, anche a fini deflativi, una nuova via di composizione autonoma delle controversie."[1]

La teoria innovatrice evidenzia la mancanza di interesse delle parti ad adire la strada giudiziale ordinaria (ché altrimenti lo avrebbero fatto), circoscrive ad un controllo sostitutivo il compito del Presidente del Tribunale rispetto a quello del Procuratore della Repubblica che così vede definirsi il suo ruolo rispetto al quale "provvedere" senza ritardo.

---

[1] Domenico Dalfino *La procedura di negoziazione assistita da uno o più avvocati* in Treccani.it

In altri termini il legislatore liberalizza la definizione del rapporto coniugale (sottoponendo a controllo prima del Procuratore della Repubblica e poi del Presidente del Tribunale, ma solo nel superiore interesse dei figli) svincolando i coniugi dai costi materiali e morali di una causa. Diversamente opinando, li si obbligherebbe, in caso di diniego di autorizzazione, a proiettarsi in un canale giudiziario costoso e defatigante e dal risultato anche in parte incerto (si pensi, ad esempio, alla assoluta libertà decisionale del giudice in ordine ai provvedimenti riguardanti la prole di minore età).

Va ritenuto, pertanto, che le parti di fronte al diniego di autorizzazione del Procuratore della Repubblica, motivato, possono adeguare la loro volontà alle segnalazioni del Procuratore della Repubblica e modificare l'accordo all'udienza di comparizione innanzi al Presidente del Tribunale, ovvero ripresentarlo in diversa veste o adire le vie ordinarie.

Tutto avrà un costo e un costo diverso a seconda della soluzione adottata.

Non deve spaventare la previsione del potere sostitutivo dell'organo giudicante rispetto al Procuratore della Repubblica, in quanto una fattispecie analoga è prevista, in procedura penale, nel procedimento di dissequestro della cosa soggetta a sequestro probatorio e risponde ad un criterio caro all'attuale governo e parlamento di "garanzie progressive". I minori vengono garantiti in prima battuta dai genitori, poi dal Procuratore della Repubblica e infine dal Presidente del Tribunale che "provvede senza ritardo".

Non può essere baluardo di sostegno alla teoria tradizionalistica la mancanza di specificazioni alla formula "provvede senza ritardo" in quanto un generico uso del termine "provvede" è adottato in tante altre norme del codice civile ed il contenuto è ricavabile dal contesto della norma stessa.

Si vedano ad esempio gli articoli sotto indicati:

80 – provvedimento di nomina del curatore speciale;

163 bis – Termini per comparire

178 – controllo del collegio sulle ordinanze

192 - Astensione e ricusazione del consulente

288 – procedimento di correzione

351 – provvedimenti sull'esecuzione provvisoria;

367 – Sospensione del procedimento di merito;

476 – Altre copie in forma esecutiva;

534 ter – Ricorso al giudice dell'esecuzione;

546 – obblighi del terzo;

590 – provvedimento di assegnazione;

591 ter – ricorso al giudice dell'esecuzione;

613 – Difficoltà sorte nel corso dell'esecuzione;

699 – istruzione preventiva in corso di causa;

736 bis – provvedimenti di adozione degli ordini di protezione contro gli abusi familiari;

745 – Rifiuto o ritardo nel rilascio;

747 – Autorizzazione alla vendita di beni ereditari;

749 – Procedimento per la fissazione dei termini;

769 – Istanza

790 – operazioni davanti al notaio;

792 – Deposito del prezzo;

LA SCELTA DEL PRESIDENTE DEL TRIBUNALE DI TORINO.

Il primo pronunciamento edito è quello del Presidente della Settima sezione civile del Tribunale di Torino del 15 gennaio 2015.

Tale organo giudiziario ha adottato la opzione innovatrice, prevedendo il potere autorizzativo del Presidente (in sostituzione del Procuratore della Repubblica o nel caso che le parti si adeguino alle considerazioni del Procuratore della Repubblica) e rimettendo alle parti, e solo a loro, la possibilità di scegliere, ove lo vogliano, la vie ordinarie e tradizionali, depositando i relativi ricorsi ex novo e collegando a tale scelta la rinuncia implicita dell'accordo di negoziazione assistita.

Tale scelta risulta ragionevole, in linea con lo scopo deflativo dell'istituto e rispettosa del diritto di azione delle parti.

L'INDIVIDUAZIONE DELLA COMPETENZA PER TERRITORIO

Fondamentale, nella negoziazione assistita è la individuazione dell'ufficio del Procuratore della Repubblica competente per territorio.

L'ufficio del Pubblico Ministero non ha una competenza direttamente disciplinata per legge, ma la mutua, la deriva, da quella del Tribunale presso il quale l'ufficio è costituito.

Allora occorre ricercare le norme che dettano i criteri di competenza per territorio del Tribunale.

Prima di tutto però, bisogna fare una premessa.

L'art. 28 c.p.c. stabilisce che la competenza per territorio può essere derogata per accordo delle parti, salvo che per le cause previste nei nn. 1,2,3 e 5 dell'art. 70 e, per quello che qui ci interessa, per i casi di procedimento in camera di consiglio.

L'art. 70, stabilisce che il pubblico ministero deve intervenire nelle cause matrimoniali, comprese quelle di separazione personale dei coniugi, nelle cause riguardanti lo stato e la capacità delle persone e negli altri casi previsti dalla legge (come il divorzio e i provvedimenti modificativi in presenza di figli minori o incapaci o portatori di handicap grave).

Da tali due norme, quindi, si desume che **le parti non possono scegliere un qualunque ufficio del Procuratore della Repubblica**, ma possono scegliere solo quello che è costituito presso il Tribunale al quale si sarebbero dovuti rivolgere nel caso non avessero raggiunto l'accordo in quanto la competenza territoriale, nei casi predetti, è inderogabile.

E allora vanno ricordate, di massima, le regole per la determinazione della competenza territoriale.

Nel caso di separazione dei coniugi, l'art. 706 comma 1 e 2 c.p.c. prevede più fori progressivi e non alternativi. In primo luogo il tribunale del luogo dell'ultima residenza comune dei coniugi (sarà sufficiente a documentarlo un certificato di stato di famiglia) e solo ne caso in cui non vi è mai stata residenza comune, mancando una fase contenziosa è competente il tribunale del luogo in cui uno dei due coniugi ha residenza o domicilio e se entrambi risiedono all'estero qualunque tribunale della Repubblica.

Per il divorzio va ricordato che il criterio di competenza territoriale previsto dall'art. 4 della legge 898/1970 del luogo dell'ultima residenza comune dei coniugi è stato dichiarato costituzionalmente illegittimo dalla Corte Costituzionale con la sentenza n. 169/2008.

Pertanto si applicherà lo stesso criterio residuale dell'accordo di separazione appena visto: una delle residenze dei coniugi (art. 4, primo comma ultima parte, L. 898/1970).

Va ricordato che per dimostrare ciò occorreranno i certificati di residenza dei coniugi.

Per gli accordi modificativi della separazione o del divorzio, se ineriscono all'affidamento o alla collocazione dei figli o al loro assegno di mantenimento, il criterio è quello del luogo di residenza del figlio (ovviamente, da documentare con relativo certificato). Invece, se si tratterà solo di provvedimenti di carattere economico dei coniugi, sarà sufficiente la residenza di uno dei due a radicare la competenza.

LA NEGOZIAZIONE ASSISTITA FAMILIARE IN CORSO DI CAUSA

Il legislatore non ha chiarito se la negoziazione assistita sia possibile a causa già iniziata.

Tutto lascerebbe ritenere che, essendo uno strumento alternativo alla causa ed avendo uno scopo deflattivo delle cause civili, sia da proporre esclusivamente prima della causa di separazione o divorzio o del ricorso per modifica dei provvedimenti di separazione o divorzio.

Però, considerando che nella prassi giudiziaria, spesso, le cause di separazione e divorzio pur iniziate contenziosamente trovano uno sbocco in un accordo dei coniugi che viene recepito nella sentenza che definisce la causa, non andrebbe esclusa a priori la ammissibilità.

Devono essere molto chiari gli effetti, però.

In primo luogo, differentemente da quanto previsto nel caso della negoziazione assistita pregiudiziale alla causa, quella familiare, non essendo mai obbligatoria nelle materie di separazione e divorzio (non così nei casi diversi sopra indicati), non può determinare in alcun modo una "pausa" nel percorso del giudizio di separazione o divorzio. Questo seguirà il suo corso e le sue fasi fino alla sentenza, indipendentemente dall'esistenza o meno di una negoziazione assistita in atto.

Diverso, invece, è il caso in cui l'accordo si raggiunge.

Le parti hanno la alternativa.

O lo presentano al giudice della causa, il quale potrà recepirlo in sentenza, o lo presentano al procuratore della Repubblica come passo finale della procedura di negoziazione assistita familiare.

Se il Procuratore della Repubblica appone il nulla osta o la autorizzazione (ricordiamo: nulla osta se non vi sono figli aventi diritto al mantenimento, altrimenti autorizzazione) l'accordo porrà termine alle questioni sollevate davanti al giudice il quale, quando ne avrà contezza, dovrà dichiarare una cessazione della materia del contendere.

Diversa e più delicata è la conseguenza ipotizzabile in caso di diniego del nulla osta o della autorizzazione da parte del Procuratore della Repubblica

Nel primo caso l'accordo è bloccato e dovrà eventualmente essere rifatto.

Nel secondo caso, la trasmissione al Presidente del Tribunale sarà priva di effetti in quanto, pendendo già la causa, quell'organo giudiziario non potrà che dichiarare la litispendenza e non potrà decretare l'autorizzazione o meno dell'accordo.

La possibilità di procedere ad un accordo negoziato a causa già iniziata ha trovato riscontro nella circolare n. 19 del 28 novembre 2014 del Ministro dell'Interno che, con riferimento alla procedura di separazione o divorzio innanzi all'ufficiale di stato civile, ha espressamente previsto che "**l'ufficio dello stato civile, dopo la conferma dell'atto da parte degli interessati, è tenuto a** comunicare l'avvenuta iscrizione dello stesso alla cancelleria presso la quale sia eventualmente iscritta la causa concernente la separazione od il divorzio, ovvero a quella del giudice davanti al quale furono stabilite le condizioni di divorzio o di separazione oggetto di modifica. A tali fini l'ufficiale acquisirà dalle parti ogni informazione necessaria per individuare esattamente la cancelleria competente a ricevere la descritta comunicazione"

GLI ACCORDI DI SEPARAZIONE E DIVORZIO DINANZI ALL'UFFICIALE DI STATO CIVILE

L'articolo 12 della legge 162/14 ha introdotto una ulteriore procedura semplificata attraverso la quale i coniugi possono, di comune accordo, procedere alla separazione personale, al divorzio o alle modifiche delle condizioni di separazione o divorzio, con una dichiarazione da rendersi dinanzi all'Ufficiale di Stato Civile.

Tale procedura, approvata con la legge sopra detta, è entrata in vigore l'11.12.14.

In definitiva i coniugi, anche senza l'assistenza di un difensore, che è facoltativa, possono decidere della loro separazione, del loro divorzio o della modifica delle clausole legate a separazioni o divorzi già sanciti, attraverso una procedura estremamente semplice e rapida.

Le parti, per poter rendere efficacemente la dichiarazione, devono recarsi **dinanzi all'Ufficiale di Stato Civile** del comune di residenza di uno dei coniugi o del Comune dove è iscritto o trascritto l'atto di matrimonio.

L'istituto in esame non è applicabile alla coppia che ha figli minori, figli incapaci o portatori di grave handicap ovvero non economicamente autosufficienti.

Quanto alla forma il comma 3 dell'articolo 12 afferma che **l'Ufficiale di Stato civile riceve da ciascuna delle parti personalmente la dichiarazione**.

Tale dizione dovrebbe far presumere che la dichiarazione debba essere verbale e che l'Ufficiale di Stato civile debba redigere verbale delle dichiarazioni rese dinanzi a se.

Nella pratica è più concreto ritenere che le parti, personalmente, debbano comparire dinanzi all'Ufficiale di Stato Civile a cui consegnano la dichiarazione che, quest'ultimo, allegherà al verbale di comparizione di cui diverrà parte integrante.

Ciò in quanto la dichiarazione deve contenere l'espressione di volontà di volersi separare ovvero di voler far cessare gli effetti civili del matrimonio, alle condizioni tra esse parti concordate.

Poiché le condizioni devono essere esplicitate nella dichiarazione, risulta certamente più semplice che le stesse siano indicate per iscritto.

Analogamente è a dirsi per la **modifica delle condizioni di separazione o di divorzio.**

Considerato che la disposizione legislativa prevede che l'accordo è compilato e sottoscritto dinanzi all'Ufficiale di Stato Civile immediatamente dopo il ricevimento della dichiarazione e che l'adempimento è simile a quello previsto per gli atti notori, in sostanza, quindi, l'ufficiale di Stato Civile, alla presenza dei soggetti, darà lettura della dichiarazione come sopra indicata e farà apporre, alla sua presenza, la sottoscrizione.

La norma prevede che l'accordo non può contenere **patti di trasferimento patrimoniale.**

Deve ritenersi che la dizione, estremamente imprecisa, voglia intendere che gli accordi in esame possano contenere tutte le clausole relative alla previsione, misura e modalità di versamento di eventuali assegni di mantenimento o post matrimoniali. Vietato, invece, il trasferimento di beni immobiliari o di beni mobiliari che non rappresentano la misura degli assegni in favore del coniuge più debole.

Ne deriva, quindi, che in relazione alla richiesta dello scioglimento degli effetti civili del matrimonio mentre sarà possibile determinare l'assegno divorzile, **non sarà possibile optare nel versamento in un'unica soluzione** che prevede il trasferimento al coniuge beneficiario di danaro, beni mobili o di porzioni di patrimonio mobiliare.

Ove la dichiarazione contenga patti di trasferimento patrimoniale, nel senso sopra indicato, l'Ufficiale di Stato Civile non dovrà accettare la dichiarazione. Ovvero dovrà accettarla, per il principio di conservazione degli atti, esclusivamente per le parti diverse da quelle relative ai trasferimenti detti.

Diversamente ritenendo, l'istituto sarebbe applicabile esclusivamente a quelle separazioni o divorzi ove tra le parti non vi sia alcuna questione in ordine ad assegni di mantenimento con parti del tutto autosufficienti.

In questo caso la portata dell'istituto, in termini percentuali, sarebbe assolutamente poco rilevante rispetto alla maggioranza di situazioni che si determinano nella crisi del matrimonio.

D'altra parte questa tesi sarebbe in contrasto con la disposizione del medesimo articolo che prevede la possibilità di operare modifiche alle condizioni di separazione e divorzio che, se si eccettuano quelle legate all'affidamento e diritto di visita dei figli, da ritenersi, come sopra detto, escluse in quanto le disposizioni dell'articolo non si applicano in presenza di figli, riguardano, sostanzialmente, questioni legate alle modalità e misura degli assegni che un coniuge deve versare all'altro.

Con la circolare n. 19 del 28 novembre 2014, però, il Ministero dell'Interno ha deciso che "in assenza di specifiche indicazioni normative, va pertanto esclusa dell'accordo davanti all'ufficiale qualunque clausola avente carattere dispositivo sul piano patrimoniale, come – ad esempio – l'uso della casa coniugale, l'assegno di mantenimento, ovvero qualunque altra utilità economica tra i coniugi dichiaranti"

La procedura dinanzi all'Ufficiale di Stato Civile prevede che quando la dichiarazione è resa ai fini di separazione o di scioglimento degli effetti civili del matrimonio l'Ufficiale di Sato Civile deve invitare le parti a comparire dinanzi a se non prima che siano trascorsi **trenta giorni dalla dichiarazione per la conferma degli accordi dichiarati**.

Lo scopo della norma è quello di garantire ai coniugi il **diritto al ripensamento**, offrendo un **momento di riflessione** in relazione ad una scelta che, senza alcun dubbio, ha effetti particolarmente incisivi nella vita personale.

Ove le parti si presentino nella data fissata e confermino la dichiarazione resa, l'Ufficiale di Stato Civile provvederà alle relative trascrizioni a margine dell'atto di matrimonio.

Se le parti **non si presentano** nella data fissata, tale assenza è ritenuta, per legge, non conferma della dichiarazione resa con conseguente inefficacia della stessa.

Ai fini dei tre anni necessari per il divorzio il termine decorre dalla data dell'accordo di separazione concluso dinanzi all'Ufficiale di Stato Civile. Con ciò intendendosi il momento della dichiarazione resa e non quello di conferma dell'accordo da rendersi almeno un mese dopo la dichiarazione.

L'accordo, infatti, è concluso nel momento in cui le parti lo sottoscrivono dinanzi all'Ufficiale di Stato Civile.

Il termine previsto dal legislatore è da ritenersi un termine sospensivo degli effetti che, una volta cessato, fa decorrere l'efficacia dell'atto dal momento della sua sottoscrizione.

I costi sono limitati nella misura massima dell'imposta fissa di bollo prevista per le pubblicazioni di matrimonio, ad oggi fissata in 16,00 euro.

UN ESEMPIO DI ACCORDO A SEGUITO DI NEGOZIAZIONE ASSISTITA

Di seguito si riporta un esempio di accordo assistito, nella speranza che possa essere d'aiuto nella redazione dell'atto. L'esempio riguarda una separazione con figli minorenni. Ovviamente per le altre fattispecie va adeguatamente modificato.

Al sig. Procuratore della Repubblica
presso il Tribunale di ....

ACCORDO DI SEPARAZIONE PERSONALE, EX ART. 6, DELLA L. 162/2014, RAGGIUNTO A SEGUITO DI NEGOZIAZIONE ASSISTITA

Il giorno ... del mese di ...... dell'anno ......, presso lo studio legale dell'avvocato ...., sito in .... alla via ....
SONO COMPARSI
sig. ...., nato a .... il ...., Codice Fiscale ...., residente in .... alla via ...., - qualità - rappresentato e difeso dall'avv. .... (C.F. ....), nello studio del quale elettivamente domicilia in ...., alla via ...., in virtù di procura agli

atti (si dichiara ai sensi degli artt. 170 e 176 c.p.c. di voler ricevere le comunicazioni al numero di fax .... o all' indirizzo di p.e.c. ....);
sig.ra ...., nata a .... il ...., Codice Fiscale ...., residente in .... alla via ...., - qualità - rappresentata e difesa dall'avv. .... (C.F...................), nello studio del quale elettivamente domicilia in .... alla Via ...., in virtù di procura agli atti (si dichiara ai sensi degli artt. 170 e 176 c.p.c. di voler ricevere le comunicazioni al numero di fax il n. .... lo all'indirizzo di p.e.c. ....)

I COMPARENTI

al fine di raggiungere il seguente accordo da valere ai sensi dell'art. art. 6, comma 2 prima parte della L. 162/2014:

PREMETTONO

- hanno contratto matrimonio con rito concordatario (o civile) in ...., in data ...., atto n. ...., P. ......, S. ......, Anno ....;
- dalla loro unione sono nati i figli: ...., nato a .... il ...., ..., nato a .... il .... e ...., nato a .... il .... tutti economicamente non autosufficienti, *ovvero minori, ovvero incapaci, ecc.*;
- il regime patrimoniale della famiglia è costituito dalla separazione dei beni;
- sono sorte tra i coniugi incomprensioni tali da rendere impossibile la prosecuzione della vita coniugale e, pertanto, i

comparenti sono addivenuti alla decisione di separarsi consensualmente;
- dichiarano di aver informato i figli minori (*di età superiore ai dodici anni*) della volontà comune di separarsi e di aver raccolto le loro dichiarazioni volte a rappresentare il loro interesse di continuare a convivere con la madre e di continuare ad avere costanti contatti con il padre;
- dichiarano che è stato esperito, con esito negativo, il tentativo di conciliazione da parte dei rispettivi avvocati e che sono stati informati della possibilità di esperire la mediazione familiare;

TANTO PREMESSO

i comparenti si danno reciprocamente atto che la loro separazione consensuale avverrà ai seguenti patti e condizioni :
1. I coniugi, liberamente ed espressamente, consentono alla loro separazione personale e, per l'effetto, fisseranno in piena autonomia il loro domicilio e residenza;
2. i figli minori sono affidati in via condivisa ad entrambi i genitori ed avranno domicilio privilegiato presso la madre;
3. i genitori continueranno ad esercitare congiuntamente la responsabilità genitoriale e le decisioni di maggiore interesse per i figli minori saranno assunte di comune accordo anche tenendo conto delle capacità, inclinazioni naturali ed aspirazioni dei figli stessi;
4. il padre potrà vedere e tenere con sé i figli minori il martedì e il giovedì dalle ore 17.00 alle ore 21.00 e a settimane alterne dalle 14.00 del sabato alle 20.00 della

domenica; potrà tenerli, inoltre, nelle festività secondo il criterio dell'alternanza e quindi durante le vacanze di Natale un anno e durante le festività di Pasqua un altro anno, per quindici giorni continuativi durante il mese di agosto, da concordare entro il mese di maggio tra le parti;
5. la casa familiare sita ..... alla via ....n...... (dati catastali.......) con i mobili che l'arredano è assegnata alla signora .... per abitarla con i figli;
6. il signor .... si obbliga a versare anticipatamente entro il giorno 5 di ciascun mese alla signora ...., a mezzo bonifico bancario, sul conto corrente bancario intestato alla stessa IBAN .... , un assegno mensile di € .... a titolo di contributo al mantenimento dei figli, ripartito in .... euro per ciascun figlio, oltre al 50% delle spese straordinarie, quelle oggi non prevedibili né ponderabili, se previamente concordate;
7. le parti si rilasciano fin d'ora reciproca ed espressa autorizzazione all'espatrio e, comunque, si impegnano a rilasciare ed a sottoscrivere ogni eventuale e necessario consenso per i documenti relativi a se stessi ed ai figli minori, esonerando le competenti Autorità da qualsiasi responsabilità;
8. nulla è previsto a titolo di mantenimento tra i coniugi essendo entrambi autosufficienti;
9. per quanto non previsto nei presenti accordi, troveranno applicazione le norme vigenti in materia.

DICHIARAZIONI DEGLI AVVOCATI

Gli avvocati .... e .... dichiarano che il presente accordo di separazione consensuale non viola diritti

indisponibili e non è contrario a norme imperative e di ordine pubblico, ai sensi dell'art. 5, comma 2 , della L. 162/14.
Ai sensi e per gli effetti dell'art.6 comma 2 parte della L. n. 162 del 2014 si conviene tra le parti che sia onere degli avvocati .... e .... provvedere a trasmettere copia del presente accordo, sottoscritto ed autenticato nelle firme, al Procuratore della Repubblica presso il Tribunale di ...., per il rilascio della relativa autorizzazione. Ricevuta la predetta autorizzazione, i medesimi avvocati .... e .... si impegnano, sotto le comminatorie di cui al punto 4 dell'art. 6 della L. 162/14 , alla trasmissione dell'accordo di negoziazione e della relativa autorizzazione entro il termine di dieci giorni all'Ufficiale dello Stato Civile del Comune di .... quale Comune nel quale il matrimonio è stato trascritto.
Luogo e data.

               firme delle parti
    Autentiche delle firme da parte degli avvocati.

Si allegano i seguenti documenti:
- certificati di residenza delle parti;
- estratto per riassunto dal Registro degli atti di matrimonio;
- certificato di stato di famiglia anagrafica.
- Dichiarazione dei redditi delle parti degli ultimi tre anni;
- Procura di .... all'avv. ....;
- Procura di .... all'avv. ....;
- Fotocopia tesserino avv. ....;
- Fotocopia tesserino avv. ....;

TRASMISSIONE DI COPIA AUTENTICATA DELL'ATTO AL SIG. PROCURATORE DELLA REPUBBLICA PRESSO IL TRIBUNALE DI ....

Noi sottoscritti avv. ...., iscritto al Consiglio dell'Ordine degli Avvocati di .... n. ...., e avv. ...., iscritto al Consiglio dell'Ordine degli Avvocati di .... n. ...., trasmettiamo al Sig. Procuratore della Repubblica presso il Tribunale di .... la suestesa copia dell'accordo per la separazione consensuale , a seguito di negoziazione assistita avvenuta in data ...., tra i sigg.ri .... e ...., contenente le sottoscrizioni previste nell'art. 5 della L. 162/2014, autenticata dai rispettivi legali con autografa sottoscrizione, per la autorizzazione di codesto onorevole Procuratore della Repubblica presso il Tribunale di ....
luogo e data

firme avvocati

FORMULARI DEL CONSIGLIO NAZIONALE FORENSE

Il Consiglio Nazionale Forense, con risoluzione n. 6-C-2015 del 18 marzo 2015 ha predisposto un modulo di trasmissione dell'accordo ai sensi dell'art. 6, comma 3 e due formulari utili al rilievo statistico relativi alle negoziazioni prevista dagli artt. 6 e 12, da depositare presso l'ufficiale dello stato civile.

All' Ufficio di Stato Civiledel Comune di ....

TRASMISSIONE DELLA CONVENZIONE DI NEGOZIAZIONE ASSISTITA AI SENSI DELL'ART.6 D.L. 12 SETTEMBRE 2014, n. 132, CONVERTITO CON LEGGE 10 NOVEMBRE 2014 N. 162

L'avvocato................................. (PEC ....) nell' interesse del proprio assistito signor ....
nato a .... , il .... , codice fiscale .... ,

titolo di studio ...., (v. codifica 1)
condizione professionale o non professionale ...., (v. codifica 2) posizione nella professione ...., (v. codifica 3)

elettivamente domiciliato presso il suo studio in
.... via ....
(fax ....)

e

L'avvocato................................. (PEC ....) nell'

interesse della propria assistita signora ....
nata a .... , il .... , codice
fiscale .... ,

titolo di studio ...., (v. codifica 1)
condizione professionale o non professionale ...., (v. codifica 2) posizione nella professione ...., (v. codifica 3)

elettivamente domiciliato presso il suo studio in .... via .... (fax ....)

PREMESSOche le parti hanno contratto matrimonio a ....

☐ iscritto

☐ trascrittonel Comune di .... (anno .... atto ....

Parte .... serie ....);

a. che le parti in data .... hanno sottoscritto, con l'assistenza dei rispettivi difensori, **convenzione di negoziazione assistita** per la soluzione consensuale della:

    _ ☐**separazione** personale

    _ ☐**scioglimento** del matrimonio

    _ ☐**cessazione degli effetti civili** del matrimonio

    _ ☐**modifica** delle condizioni della separazione

    _ ☐**modifica** delle condizioni del divorzio; b. che il Procuratore della Repubblica presso il Tribunale competente ha comunicato in data

.... agli avvocati: ☐ il nulla osta ☐ l'autorizzazioneper gli adempimenti ai sensi dell' art. 6 comma 3, terzo periodo del decreto legge 12 settembre 2014, n. 132, convertito con legge n. 162 del 6 novembre 2014 **TRASMETTE/ONO** al competente Ufficiale dello Stato Civile copia autenticata della convenzione di negoziazione assistita, munita delle certificazioni e della attestazione di conformità dell'accordo alle norme imperative e all'ordine pubblico, di cui all' art. 5 del decreto legge 12 settembre 2014, n. 132, convertito con legge n. 162 del 6 novembre 2014, ai fini delle annotazioni e delle comunicazioni previste dalla legge. Firma congiuntaAvv. .... Avv. .... Data .... Firma disgiunta Avv. .... Data ....

CODIFICHE

1. Codifiche titolo di studio

1 = Dottorato di ricerca; 2= Laurea Magistrale; 3 = Laurea di primo livello + ITS; 4 = Diploma superiore + IFTS; 5 = Licenza media/avviamento professionale; 6= Licenza elementare; 7 =Nessun titolo; 8 = Sconosciuto;

2. Codifiche condizione professionale o non professionale 1 = Occupato/a; 2 = Casalingo/a; 3 = Studente/studentessa; 4 = Disoccupato/In cerca di prima occupazione; 5 = Ritirato/a dal lavoro (pensionato/a); 6 = Altra condizione non professionale; 7 = Sconosciuta/non fornita;

3. Codifiche posizione nella professione **Lavoratore dipendente**: 1 = dirigente privato; 2 = dirigente pubblico; 3 =quadro/impiegato privato; 4 =quadro/impiegato pubblico; 5 = operaio o assimilato privato; 6 = operaio o assimilato pubblico; **Lavoratore autonomo**: 7 = imprenditore/ libero professionista; 8 = lavoratore in proprio; 9 = coadiuvante familiare/socio cooperativa; 10 = Collaboratore coord-continuativa/prestazione opera

occasionale; 11 = Sconosciuta/non fornita.

Formulario da compilare in caso di accordo ex art. 6

Sezione 1. Notizie amministrative

(relative all'atto, al Comune)

Stato Civile del Comune di _____
cod.Istat: prov _____ com __ Data di stipula dell'accordo: _____
(gg/mm/aaaa)Data di iscrizione dell'accordo: _____ (gg/mm/aaaa)

Atto: numero_____ Parte___ Serie____Tipo di accordo: Accordo di separazione 1.__ Accordo di divorzio 2.__ Variazioni condizioni 3.___

In caso di Variazioni delle condizioni (3): la compilazione termina qui

In caso di Divorzio

Sentenza di Separazione numero_____ del _____(gg/mm/aaaa)Emessa dal Tribunale di_____ cod. tribunale istat _____

Sezione 2. Notizie relative all'atto di matrimonio

In caso di Separazione o DivorzioSe celebrato in ItaliaComune di celebrazione

_____ cod.Istat: prov ____ com ____ Atto iscritto numero_____ Parte___ Serie____Rito del matrimoni: 1) Religioso___ 2) civile___ Data di celebrazione: _____ (gg/mm/aaaa)Se celebrato all'esteroStato estero di celebrazione _____ cod.Istat stato estero: _____

Sezione 3. Notizie relative ai coniugi

In caso di Separazione o DivorzioMarito:Nome _____ Cognome_____ Codice fiscale_____

_____
_____ _____ _____
_____ _____ _____ _____
_____ _____

Data di nascita _____(gg/mm/aaaa)Comune italiano di nascita_____cod.Istat: prov ____ com ____

Stato Estero di nascita_____cod.istat :_____Comune di residenza_____cod.Istat: prov ____ com ____ Via/Piazza_____n._____ca p_____ cittadinanza: Italiana dalla nascita___Italiana acquisita___ dal (gg/mm/aaaa) (opzionale se disponibile)Straniera___ Stato estero di cittadinanza:_____ cod.istat _____ Statocivileprecedentealmatrimonio: celibe___ divorziato___ Vedovo___ Titolo di studio:_____(vedi codifiche 1) (a)Condizione professionale o non professionale:____(vedi codifiche 2) (a)Posizione nella professione:____(vedi codifiche 3) (a)Moglie:Nome _____ Cognome_____Codice fiscale_____Data di nascita _____(gg/mm/aaaa)Comune italiano di nascita_____cod.Istat: prov ____ com ____

151

Stato Estero di nascita_____cod.istat :_____Comune di residenza_____cod.Istat: prov____ com ____
Via/Piazza_____n._____ cap_____ cittadinanza: Italiana dalla nascita__Italiana acquisita__ dal (gg/mm/aaaa) (opzionale se disponibile)Straniera__ Stato estero di cittadinanza:_____ cod.istat _____
Statocivileprecedentealmatrimonio: nubile__ divorziata__ Vedova__ Titolo di studio:_____(vedi codifiche 1) (a)Condizione professionale o non professionale:____(vedi codifiche 2) (a)Posizione nella professione:____(vedi codifiche 3) (a)

_____ ____ _____

Sezione 4. Notizie relative ai figli e ai provvedimenti economici

Presenza di figli minori nel matrimonio: si___ no___ Quanti:_____

per ogni figlio minore presente nel matrimonio rilevare:

Data di nascita _____(gg/mm/aaaa) sesso 1.Maschio 2. FemminaCodice fiscale_____Affidamento: al padre__ alla madre__ Condiviso (P)__ Condiviso (M)__ a terzi__

Presenza di figli maggiorenni incapaci o portatori di handicap grave ai sensi dell'art.3 , comma 3 della legge 5 febbraio 1992, n.104 nel matrimonio:

si___ no___ Quanti:_____

per ogni figlio maggiorenne incapace o portatore di handicap grave presente nel matrimonio rilevare:

Data di nascita _____(gg/mm/aaaa) sesso 1.Maschio 2. Femmina Codice fiscale_____

Affidamento: al padre__ alla madre__ Condiviso (P)__

Negli accordi è previsto un sostentamento economico per i figli:Se si:l'importo mensile di: euro_____,00Chi è obbligato a corrispondere il sostentamento economico ai figli: Padre__ Madre__ Entrambi__

Condiviso (M)__

a terzi__

Negli accordi è previsto un sostentamento economico per uno dei coniugi: Se si:l'importo mensile di: euro_____,00Chi è obbligato a corrispondere il sostentamento economico al coniuge: Marito__ Moglie__

A chi è stata assegnata l'abitazione dove la famiglia viveva prima della separazione:Marito__ Moglie__ Entrambi in condivisione__ Ai figli__ Abitazioni autonome__

si_____

no_____

si_____ no_____

Sezione 5. Notizie relative agli avvocati:

Avvocato del marito:

Nome _____ Cognome_____Codice fiscale_____Iscritto all'albo dell'ordine territoriale di_____ numero iscr._____ Avvocato della moglie:Nome _____
Cognome_____Codice fiscale_____Iscritto all'albo dell'ordine territoriale di_____ numero iscr._____

NOTA(a)

Le informazioni su titolo di studio, condizione professionale e posizione nella professione andrebbero chieste direttamente ai coniugi. Nel caso non sia stato possibile queste informazioni possono essere recuperate (se presenti) in anagrafe.

CODIFICHE

1. Codifiche titolo di studio

4.

1 = Dottorato di ricerca; 2= Laurea Magistrale; 3 = Laurea di primo livello + ITS; 4 = Diploma superiore + IFTS; 5 = Licenza media/avviamento professionale; 6= Licenza elementare; 7 =Nessun titolo; 8 = Sconosciuto;

2. Codifiche condizione professionale o non professionale

1 = Occupato/a; 2 = Casalingo/a; 3 = Studente/studentessa; 4 = Disoccupato/In cerca di prima occupazione; 5 = Ritirato/a dal lavoro (pensionato/a); 6 = Altra condizione non professionale; 7 = Sconosciuta/non fornita;

3. Codifiche posizione nella professione

Lavoratore dipendente: 1 = dirigente privato; 2 = dirigente pubblico; 3 =quadro/impiegato privato; 4 =quadro/impiegato pubblico; 5 = operaio o assimilato privato; 6 = operaio o assimilato pubblico;

Lavoratore autonomo: 7 = imprenditore/ libero professionista; 8 = lavoratore in proprio; 9 = coadiuvante familiare/socio cooperativa; 10 = Collaboratore coord-continuativa/prestazione opera occasionale; 11 = Sconosciuta/non fornita;

Codifiche territorialiComuni, Province, Regioni, Ripartizioni (Codici Istat www.istat.it) **Stati Esteri e cittadinanze (Codici Istat** www.istat.it)

Formulario da compilare in caso di accordo ex art. 12

Sezione 1. Notizie amministrative

(relative all'atto, al Comune)

Stato Civile del Comune di _____
cod.Istat: prov ____ com __ Data di stipula dell'accordo: _____
(gg/mm/aaaa)Data di iscrizione dell'accordo: _____ (gg/mm/aaaa)

Atto: numero_____ Parte___ Serie____Tipo di accordo: Accordo di separazione 1.__ Accordo di divorzio 2.__ Variazioni condizioni 3.___

In caso di Variazioni delle condizioni (3): la compilazione termina qui

In caso di Divorzio

Sentenza di Separazione numero_____ del _____(gg/mm/aaaa)Emessa dal Tribunale di_____ cod. tribunale istat _____

Sezione 2. Notizie relative all'atto di matrimonio

In caso di Separazione o DivorzioSe celebrato in ItaliaComune di celebrazione _____ cod.Istat: prov ____ com ____ Atto iscritto numero_____ Parte___ Serie____Rito del matrimoni: 1) Religioso___ 2) civile___ Data di celebrazione: _____ (gg/mm/aaaa)Se celebrato all'esteroStato estero di celebrazione _____ cod.Istat stato estero: _____

Sezione 3. Notizie relative ai coniugi

In caso di Separazione o Divorzio Marito: Nome _____ Cognome_____
Codice fiscale_____

_____
_____ _____ _____
_____ _____ _____
_____ _____

Data di nascita _____(gg/mm/aaaa)Comune italiano di nascita_____cod.Istat: prov ____ com ____

Stato Estero di nascita_____cod.istat :_____Comune di residenza_____cod.Istat: prov ____ com ____
Via/Piazza_____n._____ cap_____ cittadinanza: Italiana dalla nascita__Italiana acquisita__ dal (gg/mm/aaaa) (opzionale se disponibile)Straniera__ Stato estero di cittadinanza:_____ cod.istat _____
Statocivileprecedentealmatrimonio: celibe__ divorziato__ Vedovo__ Titolo di studio:_____(vedi codifiche 1) (a)Condizione professionale o non professionale:____(vedi codifiche 2) (a)Posizione nella professione:____(vedi codifiche 3) (a)Moglie:Nome _____
Cognome_____Codice fiscale_____Data di nascita _____(gg/mm/aaaa)Comune italiano di nascita_____cod.Istat: prov ____ com ____
Stato Estero di nascita_____cod.istat :_____Comune di residenza_____cod.Istat: prov ____ com ____
Via/Piazza_____n._____ cap_____ cittadinanza: Italiana dalla nascita__Italiana acquisita__ dal (gg/mm/aaaa) (opzionale se disponibile)Straniera__ Stato estero di cittadinanza:_____ cod.istat _____

Statocivileprecedentealmatrimonio: nubile__ divorziata__ Vedova__ Titolo di studio:_____(vedi codifiche 1) (a)Condizione professionale o non professionale:____(vedi codifiche 2) (a)Posizione nella professione:____(vedi codifiche 3) (a)Nella presentazione dell'accordo i coniugi sono assistiti da un avvocato? Si__ no__

Sezione 4. Notizie relative agli avvocati:

Avvocato del marito:

Nome _____ Cognome_____Codice fiscale_____Iscritto all'albo dell'ordine territoriale di_____ numero iscr._____ Avvocato della moglie:Nome _____
Cognome_____Codice fiscale_____Iscritto all'albo dell'ordine territoriale di_____ numero iscr._____

NOTA(a)

Le informazioni su titolo di studio, condizione professionale e posizione nella professione andrebbero chieste direttamente ai coniugi. Nel caso non sia stato possibile queste informazioni possono essere recuperate (se presenti) in anagrafe.

CODIFICHE

1. Codifiche titolo di studio

4.

1 = Dottorato di ricerca; 2= Laurea Magistrale; 3 = Laurea di primo livello + ITS; 4 = Diploma superiore + IFTS; 5 = Licenza media/avviamento professionale; 6= Licenza elementare; 7 =Nessun titolo; 8 = Sconosciuto;

2. Codifiche condizione professionale o non professionale

1 = Occupato/a; 2 = Casalingo/a; 3 = Studente/studentessa; 4 = Disoccupato/In cerca di prima occupazione; 5 = Ritirato/a dal lavoro (pensionato/a); 6 = Altra condizione non professionale; 7 = Sconosciuta/non fornita;

3. Codifiche posizione nella professione

Lavoratore dipendente: 1 = dirigente privato; 2 = dirigente pubblico; 3 =quadro/impiegato privato; 4 =quadro/impiegato pubblico; 5 = operaio o assimilato privato; 6 = operaio o assimilato pubblico;

Lavoratore autonomo: 7 = imprenditore/ libero professionista; 8 = lavoratore in proprio; 9 = coadiuvante familiare/socio cooperativa; 10 = Collaboratore coord-continuativa/prestazione opera occasionale; 11 = Sconosciuta/non fornita;

Codifiche territorialiComuni, Province, Regioni, Ripartizioni (Codici Istat www.istat.it) Stati Esteri e cittadinanze (Codici Istat www.istat.it)

IL TESTO DEL DECRETO LEGGE COORDINATO CON LA LEGGE DI CONVERSIONE (ESTRATTO)

CAPO II - PROCEDURA DI NEGOZIAZIONE ASSISTITA DA UNO O PIU' AVVOCATI

Art. 2. Convenzione di negoziazione assistita da uno o più avvocati

1. La convenzione di negoziazione assistita da uno o piu' avvocati e' un accordo mediante il quale le parti convengono di cooperare in buona fede e con lealta' per risolvere in via amichevole la controversia tramite l'assistenza di avvocati iscritti all'albo anche ai sensi dell'articolo 6 del decreto legislativo 2 febbraio 2001, n. 96.

1-bis. E' fatto obbligo per le amministrazioni pubbliche di cui all'articolo 1, comma 2, del decreto legislativo 30 marzo 2001, n. 165, di affidare la convenzione di negoziazione alla propria avvocatura, ove presente.

2. La convenzione di negoziazione deve precisare:

a) il termine concordato dalle parti per l'espletamento della procedura, in ogni caso non inferiore a un mese e non superiore a tre mesi, prorogabile per ulteriori trenta giorni su accordo tra le parti;

b) l'oggetto della controversia, che non deve riguardare diritti indisponibili o vertere in materia di lavoro.

3. La convenzione e' conclusa per un periodo di tempo determinato dalle parti, fermo restando il termine di cui al comma 2, lettera a).

4. La convenzione di negoziazione e' redatta, a pena di nullita', in forma scritta.

5. La convenzione e' conclusa con l'assistenza di uno o piu' avvocati.

6. Gli avvocati certificano l'autografia delle sottoscrizioni apposte alla convenzione sotto la propria responsabilita' professionale.

7. E' dovere deontologico degli avvocati informare il cliente all'atto del conferimento dell'incarico della possibilita' di ricorrere alla convenzione di negoziazione assistita.

Art. 3. Improcedibilità

1. Chi intende esercitare in giudizio un'azione relativa a una controversia in materia di risarcimento del danno da circolazione di veicoli e natanti deve, tramite il suo avvocato, invitare l'altra parte a stipulare una convenzione di negoziazione assistita. Allo stesso modo deve procedere, fuori dei casi previsti dal periodo precedente e dall'articolo 5, comma 1-bis, del decreto legislativo 4 marzo 2010, n. 28, chi intende proporre in giudizio una domanda di pagamento a qualsiasi titolo di somme non eccedenti cinquantamila euro. L'esperimento del procedimento di negoziazione assistita e' condizione di procedibilita' della domanda giudiziale.

L'improcedibilita' deve essere eccepita dal convenuto, a pena di decadenza, o rilevata d'ufficio dal giudice, non oltre la prima udienza. Il giudice quando rileva che la negoziazione assistita e' gia' iniziata, ma non si e' conclusa, fissa la successiva udienza dopo la scadenza del termine di cui all'articolo 2, comma 3. Allo stesso modo provvede quando la negoziazione non e' stata esperita, assegnando contestualmente alle parti il termine di quindici giorni per la comunicazione dell'invito. Il presente comma non si applica alle controversie concernenti obbligazioni contrattuali derivanti da contratti conclusi tra professionisti e consumatori.

2. Quando l'esperimento del procedimento di negoziazione assistita e' condizione di procedibilita' della domanda giudiziale la condizione si considera avverata se l'invito non e' seguito da adesione o e' seguito da rifiuto entro trenta giorni dalla sua ricezione ovvero quando e' decorso il periodo di tempo di cui all'articolo 2, comma 2, lettera a).

3. La disposizione di cui al comma 1 non si applica:

a) nei procedimenti per ingiunzione, inclusa l'opposizione;

b) nei procedimenti di consulenza tecnica preventiva ai fini della composizione della lite, di cui all'articolo 696-bis del codice di procedura civile;

c) nei procedimenti di opposizione o incidentali di cognizione relativi all'esecuzione forzata;

d) nei procedimenti in camera di consiglio;

e) nell'azione civile esercitata nel processo penale.

4. L'esperimento del procedimento di negoziazione assistita nei casi di cui al comma 1 non preclude la concessione di provvedimenti urgenti e cautelari, ne' la trascrizione della domanda giudiziale.

5. Restano ferme le disposizioni che prevedono speciali procedimenti obbligatori di conciliazione e mediazione, comunque denominati. Il

termine di cui ai commi 1 e 2, per materie soggette ad altri termini di procedibilita', decorre unitamente ai medesimi.

6. Quando il procedimento di negoziazione assistita e' condizione di procedibilita' della domanda, all'avvocato non e' dovuto compenso dalla parte che si trova nelle condizioni per l'ammissione al patrocinio a spese dello Stato, ai sensi dell'articolo 76 (L) del testo unico delle disposizioni legislative e regolamentari in materia di spese di giustizia, di cui al decreto del Presidente della Repubblica 30 maggio 2002, n. 115 e successive modificazioni. A tale fine la parte e' tenuta a depositare all'avvocato apposita dichiarazione sostitutiva dell'atto di notorieta', la cui sottoscrizione puo' essere autenticata dal medesimo avvocato, nonche' a produrre, se l'avvocato lo richiede, la documentazione necessaria a comprovare la veridicita' di quanto dichiarato.

7. La disposizione di cui al comma 1 non si applica quando la parte puo' stare in giudizio personalmente.

8. Le disposizioni di cui al presente articolo acquistano efficacia decorsi novanta giorni dall'entrata in vigore della legge di conversione del presente decreto.

Art. 4. Non accettazione dell'invito e mancato accordo

1. L'invito a stipulare la convenzione deve indicare l'oggetto della controversia e contenere l'avvertimento che la mancata risposta all'invito entro trenta giorni dalla ricezione o il suo rifiuto puo' essere valutato dal giudice ai fini delle spese del giudizio e di quanto previsto dagli articoli 96 e 642, primo comma, del codice di procedura civile.

2. La certificazione dell'autografia della firma apposta all'invito

avviene ad opera dell'avvocato che formula l'invito.

3. La dichiarazione di mancato accordo e' certificata dagli avvocati designati.

Art. 5. Esecutività dell'accordo raggiunto a seguito della convenzione e trascrizione

1. L'accordo che compone la controversia, sottoscritto dalle parti e dagli avvocati che le assistono, costituisce titolo esecutivo e per l'iscrizione di ipoteca giudiziale.

2. Gli avvocati certificano l'autografia delle firme e la conformita' dell'accordo alle norme imperative e all'ordine pubblico.

2-bis. L'accordo di cui al comma 1 deve essere integralmente trascritto nel precetto ai sensi dell'articolo 480, secondo comma, del codice di procedura civile.

3. Se con l'accordo le parti concludono uno dei contratti o compiono uno degli atti soggetti a trascrizione, per procedere alla trascrizione dello stesso la sottoscrizione del processo verbale di accordo deve essere autenticata da un pubblico ufficiale a cio' autorizzato.

4. Costituisce illecito deontologico per l'avvocato impugnare un accordo alla cui redazione ha partecipato.

4-bis. All'articolo 12, comma 1, del decreto legislativo 4 marzo 2010, n. 28, dopo il secondo periodo e' inserito il seguente: "L'accordo di cui al periodo precedente deve essere integralmente trascritto nel precetto ai sensi dell'articolo 480, secondo comma, del codice di procedura civile".

Art. 6. Convenzione di negoziazione assistita da uno o più

avvocati per le soluzioni consensuali di separazione personale, di cessazione degli effetti civili o di scioglimento del matrimonio, di modifica delle condizioni di separazione o di divorzio

1. La convenzione di negoziazione assistita da almeno un avvocato per parte puo' essere conclusa tra coniugi al fine di raggiungere una soluzione consensuale di separazione personale, di cessazione degli effetti civili del matrimonio, di scioglimento del matrimonio nei casi di cui all'articolo 3, primo comma, numero 2), lettera b), della legge 1° dicembre 1970, n. 898, e successive modificazioni, di modifica delle condizioni di separazione o di divorzio.

2. In mancanza di figli minori, di figli maggiorenni incapaci o portatori di handicap grave ai sensi dell'articolo 3, comma 3, della legge 5 febbraio 1992, n. 104, ovvero economicamente non autosufficienti, l'accordo raggiunto a seguito di convenzione di negoziazione assistita e' trasmesso al procuratore della Repubblica presso il tribunale competente il quale, quando non ravvisa irregolarita', comunica agli avvocati il nullaosta per gli adempimenti ai sensi del comma 3. In presenza di figli minori, di figli maggiorenni incapaci o portatori di handicap grave ovvero economicamente non autosufficienti, l'accordo raggiunto a seguito di convenzione di negoziazione assistita deve essere trasmesso entro il termine di dieci giorni al procuratore della Repubblica presso il tribunale competente, il quale, quando ritiene che l'accordo risponde all'interesse dei figli, lo autorizza. Quando ritiene che l'accordo non risponde all'interesse dei figli, il procuratore della Repubblica lo trasmette, entro cinque giorni, al presidente del tribunale, che fissa, entro i successivi trenta giorni, la comparizione delle parti e provvede senza ritardo. All'accordo autorizzato si applica il comma 3.

3. L'accordo raggiunto a seguito della convenzione produce gli effetti e tiene luogo dei provvedimenti giudiziali che definiscono, nei casi di

cui al comma 1, i procedimenti di separazione personale, di cessazione degli effetti civili del matrimonio, di scioglimento del matrimonio e di modifica delle condizioni di separazione o di divorzio. Nell'accordo si da' atto che gli avvocati hanno tentato di conciliare le parti e le hanno informate della possibilita' di esperire la mediazione familiare e che gli avvocati hanno informato le parti dell'importanza per il minore di trascorrere tempi adeguati con ciascuno dei genitori. L'avvocato della parte e' obbligato a trasmettere, entro il termine di dieci giorni, all'ufficiale dello stato civile del Comune in cui il matrimonio fu iscritto o trascritto, copia, autenticata dallo stesso, dell'accordo munito delle certificazioni di cui all'articolo 5.

4. All'avvocato che viola l'obbligo di cui al comma 3, terzo periodo, e' applicata la sanzione amministrativa pecuniaria da euro 2.000 ad euro 10.000. Alla irrogazione della sanzione di cui al periodo che precede e' competente il Comune in cui devono essere eseguite le annotazioni previste dall'articolo 69 del decreto del Presidente della Repubblica 3 novembre 2000, n. 396.

5. Al decreto del Presidente della Repubblica 3 novembre 2000, n. 396, sono apportate le seguenti modificazioni: a) all'articolo 49, comma 1, dopo la lettera g) e' inserita la seguente:

"g-bis) gli accordi raggiunti a seguito di convenzione di negoziazione assistita da uno o piu' avvocati ovvero autorizzati, conclusi tra coniugi al fine di raggiungere una soluzione consensuale di cessazione degli effetti civili del matrimonio e di scioglimento del matrimonio";

b) all'articolo 63, comma 2, dopo la lettera h) e' aggiunta la seguente:

"h-bis) gli accordi raggiunti a seguito di convenzione di negoziazione assistita da uno o piu' avvocati conclusi tra coniugi al fine di raggiungere una soluzione consensuale di separazione personale, di cessazione degli effetti civili del matrimonio, di scioglimento del matrimonio, nonche' di modifica delle condizioni di separazione o di divorzio";

c) all'articolo 69, comma 1, dopo la lettera d) e' inserita la seguente:

"d-bis) degli accordi raggiunti a seguito di convenzione di negoziazione assistita da uno o piu' avvocati ovvero autorizzati, conclusi tra coniugi al fine di raggiungere una soluzione consensuale di separazione personale, di cessazione degli effetti civili del matrimonio, di scioglimento del matrimonio".

www.ingramcontent.com/pod-product-compliance
Lightning Source LLC
Chambersburg PA
CBHW070857180526
45168CB00005B/1852